SERIE
I VIAGGI DI LORENZO
LIBRO 2

Lorenzo Sbrinci, *Verso Nuove Frontiere. L'Orizzonte si espande.*

ISBN: 979-12-81604-78-0 Softcover

Prodotto da Cascate di Luce - Rainbow Light School

Progetto grafico e impaginazione: Lorenzo Sbrinci

Redazione: Helen Star (revisione)

www.cascatediluce.com

In copertina: l'Autore in Alaska, USA

Prima edizione: Febbraio 2024

Lorenzo Sbrinci

VERSO NUOVE FRONTIERE

L'Orizzonte si espande

RAINBOW LIGHT SCHOOL

PREFAZIONE DELL'AUTORE

Questo libro é la continuazione del mio viaggio di scoperta attraverso l'ispirazione, quella particolare sensazione che considero la voce interiore e che ho compreso essere l'Essere Interiore grazie agli insegnamenti di Abraham, le cui letture mi hanno spinto insieme a mia moglie Helen a recarmi fino in Alaska, per partecipare ad un loro seminario. Lì é stato possibile fare la conoscenza personale di Esther e Jerry Hicks, che divulgano tali insegnamenti già dal 1986. Una conoscenza che é stata punto di arrivo e di partenza insieme, poiché ho sentito che tutto quello che avevo vissuto fino ad allora, la ricerca spirituale che avvertivo forte in me e che ben descrivo nel libro precedente *Viaggio nell'Anima*, é giunta ad avere delle risposte a quesiti che fin da piccolo mi ero posto. Partenza perché contemporaneamente c'é stato anche il concepimento di un mio modo di parlare dell'anima o ispirazione, in relazione con il vivere quotidiano. Attraverso la conoscenza dell'ispirazione ci rendiamo partecipi della realizzazione della nostra vita, in co-creazione con una parte più infinita ed espansa, sempre al nostro fianco per assisterci e guidarci.

Un caro abbraccio,
Lorenzo

VERSO NUOVE FRONTIERE

*A tutti coloro che,
adoperandosi come ponti
tra la dimensione Fisica e Non-Fisica,
supportano il viaggio evolutivo delle persone*

PROLOGO

"Che buio… dove mi trovo?

Non ho ancora capito bene perché sono qua.

Di certo non vorrei esserci!

É un sogno, un incubo? No, é la realtà. Una realtà da affrontare.

Ho uno strano presentimento… Ora capisco perché ero così riluttante ad affrontare questa situazione.

Mio malgrado, gli sto andando incontro…"

Capitolo 1

NUOVA VITA

Mi sveglio. Non so che ore sono. La sveglia che tenevo sul comodino è stata destinata allo studio. C'è rimasta quella di Helen, ma è al di sopra della testata del letto e poi non si illumina come la mia. Dovrei accendere la luce ma no, troppo trambusto. Così rimango a chiedermi che ore siano, ad interpretare la fievole luce che entra dalla minuscola finestra posizionata in alto, dietro di noi. Ipotizzo le cinque e trenta. Poi mi chiedo perché mi sia svegliato a quest'ora. Una ragione la trovo subito: ieri sera siamo andati a letto molto presto. Lo avevo detto che mi sarei svegliato più o meno a quest'ora. Da quando abitiamo a San Gimignano non facciamo molta vita notturna; non che la facessimo prima, però adesso è diverso, qui c'è molta tranquillità e per ora non capita di uscire la sera. A dire il vero siamo qui da poco, a Dicembre io lavoravo ancora a Pistoia e poi siamo andati una decina di giorni in Arizona, per il seminario che avevamo fissato durante l'evento frequentato a Settembre: l'entusiasmo era salito così alle stelle, che quando lo proposero facemmo letteralmente le corse per accaparrarci i primi posti. Così la carrellata di novità era continuata, facendomi avvertire una sensazione di svolta importante, in un crescendo di situazioni ed emozioni. Addirittura, quando entrammo nella sala del seminario, la canzone che stava risuonando recitava le parole: *La vita non sarà più la stessa, la vita sta cambiando*! Tutto dire...

Abbandonati i calcoli sugli orari e i ricordi dei viaggi, arriva un pensiero che forse tentavo di non affrontare: oggi è il primo di

Febbraio, data di inizio del contratto d'affitto dello studio a Siena e forse sto cominciando ad avere le preoccupazioni classiche dell'imprenditore. Che vuol dire? Che sono già fritto? Cavolo, non ho nemmeno cominciato a lavorare e sono già preoccupato! In effetti per me il salto è davvero grosso, da dipendente a imprenditore si può dire *dalla sera alla mattina.*

Ieri con Helen abbiamo parlato del vecchio modo di interpretare il lavoro inteso come occupazione e impiego. Io per esempio sono sempre stato dipendente fino ad oggi e quindi se non ero al lavoro non facevo niente, non lavoravo. Ma ora sono un imprenditore ed il discorso cambia letteralmente.

Sia io che Helen lavoriamo continuamente per produrre idee, progetti e nuove terminologie: una cosa che ci riempie il cuore, perché siamo immersi nella completa creazione delle nostre visioni.

Ultimamente, quando ancora lavoravo in cucina, c'erano molti momenti dove rimanevo o sarei voluto rimanere più a lungo a pensare, riflettere, fermarmi per meditare o scrivere, ma poi il lavoro mi portava a svolgere ciò che stavo facendo, staccandomi dalle mie sensazioni. Non mettevo bene a fuoco l'oggetto delle mie riflessioni, ma erano comunque pensieri sulla condizione umana, sullo spirito.

Ora, nella mia nuova vita, tutti i momenti li passo così.

Mi faccio coraggio e mi alzo per affrontare questa importante giornata: mi dirigo in soggiorno e metto una musica. Sono le 6,30, é ancora buio. Arriva anche Helen, si accomoda sul divano con un libro e un quaderno per gli appunti; io le siedo di fronte. Le note si diffondono nell'aria e gradualmente inizio a chiedermi: "Che cosa sto provando? Perché mi sono alzato?" Mentre comincio a rilassarmi guardo fuori: inizia ad albeggiare e dentro di me avverto la necessità delle persone di aprirsi ed espandere la propria anima, per connettersi ad una Fonte Divina, per guardare il mondo da un'altra prospettiva, ricercando una profondità che stabilisce un contatto con una pace infinita, per vivere senza paura e divenire creatori della propria vita. Che pensieri meravigliosi e ispiranti! Sento che sono arrivati da una parte interiore di me, la percepisco come qualcosa di gioioso, che fa sentire bene, che apre e libera.

Dalla finestra scorgo un po' di panorama, quanto basta per ammirare la luce del sole che ammanta la magnifica campagna sotto le torri di San Gimignano. Ciò che provo é illuminante. Mi fa pensare a qualcosa di puro e candido, come il manto bianco di neve sui prati circostanti la casa dove, poco prima di Natale, giocavamo io, Helen ed i nostri animali Luna, Safira e Rocky, un nuovo gattino di colore rosso che si era unito alla famiglia. Per la verità, dato che avevo portato a casa uno slittino, Helen vi scivolava sopra con Luna, setter inglese, caricata a bordo! Io osservavo quelle scene, meravigliato che stessimo davvero vivendo lì.

Adesso si é delineato uno spazio dove poter creare e soprattutto ricevere ispirazione. I momenti più prolifici avvengono al mattino con le idee che fluiscono di getto, proprio come dice il proverbio: *Il mattino ha l'oro in bocca.* Poi durante la giornata Helen ed io ci confrontiamo: vengono fatti bozzetti colorati, schemi e proposte per seminari che definiscono il nostro modo di lavorare.

All'inizio dell'anno, al ritorno da un altro viaggio negli Stati Uniti, durante una sosta ad un caffè all'aeroporto di Salt Lake City, mi ero rivolto ad Helen dicendole: -– Se potessimo avere un nostro approccio al benessere delle persone, quale potrebbe essere?

In passato ho potuto notare che l'inizio di un nuovo anno mi ha portato spesso delle novità, sicuramente conseguenti ad azioni intraprese l'anno precedente, ma che avevano segnato l'esordio di qualcosa di importante. Erano molte le esperienze che avevamo fatto insieme Helen ed io, seguendo e studiando scuole di pensiero di vario genere. Finalmente sembrava giunto il momento per definire qualcosa di nostro.

Le idee che arrivano in queste mattine sembrano andare in quella direzione.

In tutte queste novità c'é anche lo studio preso a Siena. Si trova sul corso più famoso del centro colmo di negozi e caffè, dove si convogliano tante persone, tra cui molti turisti e dove é possibile raggiungere la famosa Piazza del Campo, quella del Palio, in pochi minuti. Io percorro in lungo e largo quel tratto cittadino organizzando le mie idee, passeggiando sorridente con la mia valigetta 24 ore acquistata a San Gimignano e che fa molto professionista. Sono veramente eccitato e felice delle idee che ho in mente, riguardano il benessere della persona, sento di proporre ai quattro venti modalità innovative che possono migliorare la vita delle persone.

All'interno dello studio mi scrivo i contatti degli enti o associazioni a cui mi posso rivolgere, prendo gli appuntamenti per poi proporre quello che é emerso dal brainstorming con Helen. Naturalmente desideriamo tenere anche seminari per gruppi privati, primi fra tutti i clienti che provengono dalla precedente attività svolta da Helen come psicologa.

Lo studio a Siena é meraviglioso: consta di una bellissima sala d'attesa con antiche colonne, poiché si trova all'interno di un palazzo storico; un ufficio per la ricezione dei clienti, più altre due stanze: una adatta per i massaggi come penso di fare, un'altra perfetta per Helen, oltre che per i seminari.

É stata una scelta ambiziosa, siamo nuovi del posto e con il grosso della clientela da costruire, ma per me é all'altezza di quello che sento riguardo al nostro sviluppo. A dire la verità, sul fotofinish della trattativa, avrei potuto optare per una soluzione più ridotta, uno studio attiguo dalle dimensioni minori, ma mi ero impuntato su quello più grande, che mi faceva sentire bene e a mio avviso ben rappresentava le dimensioni di ciò che avevo dentro.

Prima di uscire dallo studio rivolgo ancora uno sguardo carico di apprezzamento: mi sento riconoscente verso coloro che me lo hanno affittato, é un luogo dove le aspirazioni che nutro mi danno lo slancio per partire verso il mondo e le persone.

Chiudo la porta e inizio a scendere le imponenti scale: mi appaiono così solide, come del resto il palazzo, in piedi da tanto tempo, una sensazione di stabilità che si estende anche fuori nella società, nelle sue tradizioni e abitudini, dove il mio messaggio tenta di inserirsi.

Appena fuori dal palazzo non posso non notare l'insegna della sede della tv locale: tra le iniziative che sto intraprendendo per pubblicizzare il progetto, questa non può mancare. Così nel ritorno verso casa, mi gusto la sensazione che una simile esperienza può darmi e una volta arrivato ne parlo subito con Helen. Lei si dice favorevole all'iniziativa e decidiamo di prenotare uno spazio all'interno di un programma, in cui la conduttrice ci inviterà ad un dialogo per trattare i nostri temi.

All'indirizzo indicato, poco fuori Siena, una moderna costruzione a vetri, anche internamente i vari uffici sono divisi ognuno da pareti di cristallo. È tutto nuovo.

Appena entrati, sulla sinistra, un grande pannello formato da tanti televisori mostra cosa avviene nei vari studi televisivi: la comunicazione, che cosa elettrizzante. Mi fa l'effetto di quando salivo sui palcoscenici dei teatri, per comunicare e intrattenere le persone, favoloso! Il meglio per me sarebbe fare uno show televisivo dove invito persone che ballano, cantano e recitano, altri che hanno inventato qualcosa, che parlano di come celebrano la vita e citano esperienze belle e divertenti e magari anche qualcuno che ha passato momenti intensi e ha ritrovato forza e voglia di vivere.

La conduttrice ci invita nello studio durante la pausa pubblicitaria, ci accomodiamo.

— Vi rivolgerò delle domande dove potremo interagire insieme — ci spiega la donna — Ogni tanto rivolgetevi verso la camera che vi inquadra, quella dei telespettatori.

— Va bene — rispondiamo emozionati.

— Tenetevi pronti, a momenti partiamo — dichiara la conduttrice.
Lo show inizia... La conduttrice é bravissima, formula delle domande che calzano a pennello con i nostri temi e pensare che non avevamo preparato niente. Helen ed io ci alterniamo parlando di benessere e possibilità che sono insite in ogni persona. Meraviglioso.

Il giorno dopo, tolti gli abiti da imprenditori e showman televisivi, cambiamo totalmente scenario: vigneto! Si perché oltre ai tanti olivi presenti nel podere della casa, vi sono anche diversi filari di viti, circa una dozzina. Il signore che se ne occupava fino a qualche anno fa ci ha dato qualche lezione sulle potature e così tutti nel campo, compresi cane e gatti, divertentissimo!

Alla fine, con gli stralci di viti e olivi facciamo un bel falò e

1. NUOVA VITA

Caesar, il nostro vicino, insieme all'insegnante di potature, vengono a vedere i nostri progressi e osservando la nostra opera sentenziano: — Vi abbiamo visto parlare alla trasmissione televisiva di ieri e dobbiamo dire che eravate più a vostro agio rispetto ad oggi. Comunque ci state mettendo molta passione.

La proverbiale ironia toscana ci fa sorridere e allo stesso tempo evidenzia l'impegno che il podere richiede. Il pensiero di riuscire a fare il vino e l'olio in questo luogo meraviglioso, cancellano in me ogni possibile dubbio riguardo a eventuali difficoltà: é troppo bello.

É stata una giornata fredda, ma con un sole splendente, ricca di tanti momenti divertenti, con Rocky che ha saltato sulle viti e Luna che ha scorrazzato felice per il vigneto. Ho scattato molte foto simpatiche, ironizzando sul fatto che non fossi proprio sicuro se stavo potando bene le viti o altre che mi ritraevano con le forbici da potatore in posa da cowboy con l'aria di sfida, con il cuore colmo di gioia perché sto vivendo questa magnifica esperienza.
Ho accolto e dato seguito alle sensazioni che ho sentito in me e loro mi hanno condotto fino qui.
Dove altro ancora mi guideranno?

Capitolo 2

TORRI

L'unica cosa che manca in questa casa di San Gimignano é il caminetto ed é un desiderio che nutro da diverso tempo. Forse da quando ho iniziato a cercare casa in campagna e il fatto che questa abitazione non ce l'abbia, con tutto quello che rappresenta, mi sembra strano. Ricordo però che la prima volta che vi entrai dissi subito tra me: "Il camino non c'è, pazienza, lo troveremo nella prossima casa." Una fiamma che arde penso faccia la differenza, in parte perché ci si può ritrovare intorno al focolare, ed anche perché l'abitazione sembra soffrire di umidità ed il calore prodotto dal fuoco sarebbe molto utile e confortevole. Questa casa é stata sempre usata e affittata durante la stagione estiva e il proprietario non sembra essere al corrente della problematica. Così per il momento, poiché siamo in inverno, me ne sto attaccato al termosifone.

È domenica sera.

Guardo Helen mentre parla al telefono: penso all'interesse che nutre per il benessere delle persone, la sua attenzione per le loro storie e la cura che rivolge alle emozioni che provano. É straordinario. Avverto anche l'internazionalità di Helen, perché contrariamente a me lei ha girato mezzo mondo, riservandosi l'Australia come viaggio di nozze, cosa che é appena avvenuta. É stata una bella scommessa, ma é successo davvero. Se lo doveva proprio sentire che sarebbe stato così. Certe cose si avvertono dentro e addirittura quando c'é una certa energia anche altre persone possono, per così dire, percepirle.

Una domenica di primavera, ad esempio, Helen venne ad aspettarmi all'uscita della scuola di Pranic Energy Healing che stavo frequentando a Firenze. Ricordo che aveva una gonna elegante e colorata. Stavamo insieme solo da alcuni mesi. Decidemmo di recarci a prendere un aperitivo sul Lungarno. Ordinammo da bere e ci sedemmo ad uno dei tavolini posti all'aperto. La posizione del locale era favolosa: un passo da Ponte Vecchio. Finita la nostra consumazione, pagai il conto alla cameriera che era venuta al nostro tavolo.

— Le porto il resto — mi disse.

Io mi alzai per andare al bagno e quando uscii incontrai la stessa cameriera che mi fermò dicendo: — Mi scusi, le volevo dire che il resto l'ho portato a sua moglie.

Si doveva proprio vedere che Helen ed io ci saremmo sposati e pensare che al tempo non ne avevamo neppure parlato!

Questa nostra esperienza iniziata qui a San Gimignano é nuova per tutti e due, ma di certo Helen é più esperta di me nel lavoro che stiamo conducendo. Ha già avuto uno studio tutto suo che ha condotto con successo, una laurea con specializzazione, diplomi vari ed esperienze incredibili in America e in altre parti del mondo. Ed io chi sono questa domenica sera? Adesso che i domani, i lunedì mattina sono diversi. Domani andrò al solito orario al mio nuovo posto di lavoro? No, domani no. Tornerò ancora in giro per pubblicizzare la società fondata con Helen. Insieme abbiamo un sistema davvero funzionale per dividerci i compiti: durante la giornata ci sentiamo per darci i ragguagli circa la nostra attività, poi ancora in giro a distribuire brochure e dopo ad incontrare un'agenzia che si occupa di eventi e meeting. Una settimana davvero emozionante, sono stato a parlare anche per fare la pubblicità alla radio: troppo forte.

Chi sono dunque adesso? Sono qualcosa di nuovo.

Ho quante stupende riflessioni stasera, mentre ammiro in tutta la loro bellezza, dalla finestra di cucina, le suggestive luci di San Gimignano e le sue splendide torri.

SanGi, come lo chiamo affettuosamente io, é per me un conforto. La nostra casa, una porzione di colonica in pietra, si trova in cima ad una collina, che offre una vista mozzafiato di questa antica cittadina medioevale. È come vedere un'immensa cartolina, fa bene al cuore, mi fa sentire in viaggio, come vivere in un altro tempo.

San Gimignano mi fa percepire la presenza di tante persone intorno a me, non solo turisti che arrivano da ogni dove, ma anche una sensazione più vasta, penso dovuta alla vicinanza della via Francigena. Così avverto che sto condividendo l'esperienza del viaggio con le persone di oggi e quelle di ieri e qualcosa nel cuore si apre e mi sento compreso, poiché in un certo senso anch'io sono in viaggio. Benché abbia raggiunto questo luogo e ne abbia fatto la mia base, mi percepisco in qualche modo ancora in evoluzione, che per me equivale a essere in viaggio. Così avverto un senso di condivisione più ampio, che parte e si sviluppa principalmente dall'interno, dall'anima.

E qui rammento la straordinaria emozione che provai quando vidi SanGi per la prima volta: il giorno che Alice, l'agente immobiliare, mi portò a visitare la casa qualche mese fa. Le sensazioni meravigliose, che avevo sentito in me due anni prima di recarmi lì, le avevo provate durante una sosta con Helen e una coppia di amici all'uscita di Poggibonsi Nord. Da quel punto si può raggiungere San Gimignano in una quindicina di minuti. Al tempo ignoravo l'esistenza della cittadina medioevale famosa per le sue torri, 13 oggi, un tempo ne contava addirittura 72!

Quando con Alice giungemmo alla proprietà, iniziai a sentirmi bene, a risentire le sensazioni provate due anni prima durante quella sosta con Helen e i nostri amici: emozioni di gioia e pace, di benessere ed entusiasmo. Il luogo mi piaceva ed aveva qualcosa di magico per me, ma non sapevo ancora spiegarmi bene cosa fosse. Poi Alice mi consigliò di voltarmi per vedere il panorama dal giardino attiguo alla colonica:

— Lorenzo, non perderti la parte migliore…

Mi voltai e SanGi si mostrò in tutto il suo splendore, oserei dire potenza, perché provai un immenso stupore, una bellezza mista a qualcosa di più che non sapevo spiegarmi, che mi comunicava una grande felicità, che tolse ogni dubbio dalla mia mente, accendendo una fragorosa fiducia.

Così, quando Alice mi disse di voltarmi per godere della vista, una parte di me prese a volare, perché oltre alla spinta interiore che mi aveva condotto fin lì, l'essenza delle sensazioni provate due anni prima mi esplosero dentro e alla vista delle torri di San Gimignano il mio animo si pronunciò in un fatidico "Si, ci sono, è qui."

Una sensazione che riuscì a rassicurarmi, pur non conoscendo ancora i dettagli dietro tale percezione.

Capitolo 3

NOVITÀ

Un'altra particolarità del vivere qui é rappresentata dalla strada sterrata a fianco della casa, che porta direttamente a SanGi. In meno di quindici minuti circa si raggiunge il centro della cittadina, supermercato e forno compresi. Io sono solito andarci quando non mi reco a Siena, mi aiuta a pensare mentre cammino, ammirando nel contempo le verdi vallate alla destra del percorso.

Oggi dopo pranzo ho deciso di andare ad acquistare alcuni generi alimentari in cima alla sterrata, ma prima di entrare a fare la spesa, approfitto del bar a fianco del supermarket per prendere un caffè. É la prima volta che vi entro:

— Buongiorno — dico al giovane che sta dietro il banco.

— Salve, mi dica — risponde il ragazzo.

— Vorrei un caffè, per piacere — chiedo.

— Glielo faccio subito! — ribatte il giovane con tono gioioso — Non male il tempo oggi, vero? — aggiunge con animo fiducioso ed il desiderio di stabilire una connessione.

— Si, niente male — rispondo, come qualcuno che si trova in navigazione con il vento a favore.

Poi il ragazzo, continuando la conversazione, aggiunge con tono affabile e sicuro: — Lavora qui vicino? O é un rappresentante? Magari di vini?

— Non proprio — inizio a formulare la mia risposta, che intuisco forse lo sorprenderà — Ho lasciato il mio paese di origine qualche mese fa dove lavoravo in Comune; mi sono licenziato per iniziare un business che si occupa del benessere delle persone. Vivo in cima al Colle, poco distante.

A quel punto la conversazione subisce un drastico stop. Il ragazzo rimane senza parole. Pago il caffè ed esco.

Le novità che stanno delineando la mia nuova vita sembrano apparire incredibili, come sembra dimostrare l'episodio avvenuto con il ragazzo del bar, dove le mie parole sono andate fuori dagli argomenti abitudinari. Quello che sto promuovendo ha qualcosa di innovativo ed ha proporzioni di cui non sembro rendermi conto.

Esemplare é il colloquio avuto con l'impiegato di un gruppo bancario, preposto ad accogliere i suggerimenti per formazioni aziendali all'avanguardia:

— Come ha detto che si chiama la formazione che desidera proporre? — chiede il giovane.

— Coaching dell'anima. — rispondo prontamente.

— In cosa consiste? — domanda con curiosità.

— Nel rendere consapevoli le persone del valore delle loro risorse interiori.

— Beh, non mi era ancora capitata una cosa del genere — ammette sincero il giovane.

— Serve a liberare tutto il potenziale insito in ognuno di noi — continuo, felice che gli sia suonata come una novità.

— Compili il modulo che si trova sul nostro sito atto a sottoporre le iniziative. In caso, le faremo sapere — conclude con un tono che sembra darmi poche chance di successo.

— Lo faccio subito, la ringrazio del tempo che mi ha dedicato – aggiungo pieno di entusiasmo, terminando la conversazione.

Gioisco per il solo fatto di aver proposto la mia iniziativa, malgrado non abbia ricevuto un grande riscontro positivo.

Sono felice a prescindere.

Capitolo 4

CERTEZZA

Cos'è la certezza? E la paura?

Seduti al tavolo di un ristorante, un'amica ci aggiorna con notizie americane: sembra che la società che ha organizzato i seminari cui abbiamo partecipato insieme a lei, stia avendo qualche problema finanziario.

Come reagisco alla notizia? Lì per lì mi sento vacillare, poi rammento che é un'organizzazione che é in piedi da molti anni, quindi ha una sua solidità, sarà solo un momento passeggero e poi non riesco a credere che sia veramente vero e se anche fosse, loro sapranno come sistemare tutto e andare avanti.

Ma la notizia sembra lasciare in me qualche strascico, poiché le iniziative che sto intraprendendo provengono in qualche modo dall'impostazione che é stata consigliata negli ultimi seminari cui ho partecipato e questo sembra accendere qualche dubbio in me. In altre parole, avverto come se ciò che ho imparato non possa funzionare in virtù della notizia dei problemi finanziari e tutta questa mia forza e intraprendenza alla fine non pagassero. Mi sento uno sciocco, come aver creduto alle cose sbagliate. Naturalmente i corsi che ho frequentato non hanno nessuna responsabilità ed hanno fornito un'ottima formazione. Poi rifletto ancora e rammento che le importanti scelte che ho preso, non provengono da nessun altro al di fuori di me. Lì per lì mi sento meglio, mi fa piacere che sia stato io a decidere, ma la mia mente sembra ribellarsi alla gioia che custodisco dentro e mi ha condotto fino qui. Le parole della mente potrebbero essere queste:

— Beh? Allora? Cosa hai concluso fino ad ora?

— Lasciami il tempo di sviluppare le mie idee — ribatte la gioia.

— Lasciarti il tempo? Ma quale tempo? Bisogna essere certi!

— Allora ti dico che lo sono.

— In base a cosa? — sbotta la mente.

— Alle sensazioni che ho provato — di nuovo la gioia.

— Le tue sensazioni mi fanno solo paura, perché non danno nessuna certezza!

— La gioia e le mie sensazioni sono la mia certezza. Non ti so spiegare di più.

— C'é bisogno di fatti! — rincalza ancora la mente.

— Li vedrai — conclude la gioia.

Mi sembra di aver vinto per il momento la battaglia interiore, ma é inutile dire che sento la responsabilità della scelta. Ho deciso di trasferirmi qui, finendo per convincere anche Helen.

Intanto, recandomi allo studio a Siena, ripasso dagli enti cui ho proposto la nostra formazione, per sentire come é stata accolta e se hanno preso una decisione in merito.

— Buongiorno — dico annunciandomi nell'ufficio di un ente sportivo.

— Salve, mi dica — dice l'impiegato.

— Sono stato qui da voi circa una settimana fa per proporre un training.

— Ah si, quello dell'anima, giusto?

— Si, proprio quello! — ribatto felice.

— Vede, le devo dire che per il momento non ci sono i fondi necessari…

— Capisco, pensa che potrebbero esserci possibilità per la stagione prossima?

— Non ne sono sicuro.

— Va bene, comunque la ringrazio — aggiungo uscendo sorridente dall'ufficio.

Di lì ai giorni seguenti di conversazioni simili a quella dell'ente dello sport ne avvengono parecchie, praticamente tutte. La scena si ripete e la conclusione é sempre la stessa: non sono minimamente interessati.

Non ho perso il mio entusiasmo e la mia fiducia verso la nostra visione, ma è certo che va sostenuta continuamente.

Le famiglie e gli amici sovente ci chiamano per tastare il polso della situazione, ci danno il loro supporto, ma iniziano a pensare che ci possiamo scoraggiare.

Questo lo scenario: io ed Helen qua e tutti gli altri là dove li abbiamo lasciati. Non si tratta solo di una sensazione fisica, sento che abbiamo proprio cambiato vita. Mi sostiene il fatto che quando le persone sono venute a trovarci, si sono dichiarate tutte entusiaste che abitiamo in un posto così bello, ed anche gli ex-colleghi, prima di congedarmi dal lavoro, mi hanno promesso che verranno a trovarmi.

Oggi però devo sostenere anche altre cose: le persone che Caesar ha interpellato per potersi occupare del campo, hanno dato tutte risposta negativa. Il tempo che il podere richiede é veramente tanto.

Caesar era presente quando andai a vedere la proprietà la prima volta e ora mi confida che aveva dovuto tacere per non intromettersi nella trattativa della casa, ma si era detto, vedendomi non avvezzo a quel mestiere, che avrei potuto avere delle difficoltà.

Inoltre Olivia, la figlia di Caesar, mi chiede se sono a conoscenza del costo del riscaldamento particolarmente alto della casa, perché ci troviamo in campagna ed il metano non arriva fino a qui.

In tutto questo turbinio di situazioni in me c'é lo stesso pensiero di sempre: sono stato portato a venire qua, deve essere per forza una cosa buona, anche se adesso riesco meno a immaginare cosa possa essere.

Con Helen ci incamminiamo verso San Gimignano. Per un po' rimaniamo in silenzio con Luna che ci precede spedita.

Guardo Helen: la sciarpa le copre la bocca, i suoi occhi mi parlano, sono scherzosi e titubanti allo stesso tempo:

— Le ultime dichiarazioni di Caesar e Olivia mi hanno turbata — annuncia Helen — Mi sembra di perdere la fiducia — confessa.

— Ti capisco — mi limito a dire.

Sono laconico, non riesco a dire di più, ma sento di reggere a questi stati d'animo pesanti che si stanno delineando. Desidero dimostrare che la fiducia che Helen ha riposto in me non é infondata, ma a tratti mi percepisco oscillare tra il coraggio e l'incoscienza. Alla fine sento che la fede torna sempre, anzi non se n'é mai andata, ma rammento che sono stato io a mettere in moto tutto, proprio dopo esserci sposati, sperimentando un tale senso di forza e di libertà, dove tutto mi sembrava possibile: si poteva sognare, incontrare persone, andare e venire, inventare, viaggiare. Questo mi ha portato ad allontanarmi da un ambiente familiare favorevole e da una vita che conoscevo alla perfezione, per gettarmi a capofitto in un'avventura, che avrebbe previsto un cambio di vita più radicale di quello avvenuto 13 anni prima e ben più incerto.

Intanto ho la percezione che chi mi ha sostituito nel mio precedente lavoro, abbia già fatto disperdere il ricordo di chi sono stato. Mi fa piacere e al tempo stesso mi fa capire che lo spazio che ho occupato é già stato ricoperto, così anche quella situazione é ormai alle spalle. In un certo senso é un monito ad andare avanti.

Al nostro paese di origine ci sono persone e familiari che vivono una quotidianità fatta di riferimenti precisi costruiti nel tempo: luoghi, bar, ritrovi, amicizie, scuole, piazze, tutto insomma. Cose che sono appartenute anche a noi. Adesso, tutto d'un tratto, sembrano svanite e non so capire più dove siamo e chi siamo.

La certezza sembra dissolversi e la paura prendere il sopravvento.

Capitolo 5

CONFRONTO SERRATO

Dopo cena rifletto sulla vicenda del podere da accudire: "Beh, ci sposteremo." Dico fra me e mi sento sollevato, senza immaginare bene cosa voglia dire veramente.

L'indomani, mentre ci troviamo in macchina, tento di parlarne con Helen. Lei appoggia la sua mano sulla mia:

— Mi va bene così, con la possibilità di poter cambiare le cose...

É chiaro che fa del suo meglio, ma la situazione le inizia a pesare.

Io tengo duro, anzi sono sereno, perché vedo prospettarsi tante cose, ma non avendo ancora concretizzato, il mio punto di vista comincia ad apparire poco realista. Le persone alle quali descrivo il nostro servizio, rimangono piacevolmente stupite che ci proponiamo come integrazione a percorsi formativi più tecnici, ma poi non avviene niente. Si potrebbe dire che ci vuole più tempo, ma non c'è, poiché comprendiamo che non é questa la strada. Qualcosa va rivisto. Pago a caro prezzo la mia intraprendenza, la mia fiducia e la voglia di libertà ed inizio a dispiacermi per il fatto che Helen cominci a soffrirne.

Il fatto che il nostro progetto sia considerato una novità, fa capire che é qualcosa da far sperimentare, anche se cambiare l'abitudine di pensiero delle persone è come dissodare un terreno: richiede tempo ed energia.

Ho messo sul desktop una mia foto emblematica presa dal nostro viaggio in India di qualche anno fa, con lo zaino in spalla, in mezzo a un bel via vai di persone e condizioni di vita che mi appaiono difficoltose, sembro dire: "Chi me lo ha fatto fare di venire fin qua?" Eppure sono felice mentre la osservo, sento che ho vissuto un'esperienza di scoperta meravigliosa. Ne rimango stupito e mi fa un immenso piacere esserci stato.

Ma la situazione, adesso, sembra fare acqua da tutte le parti. Una volta rientrati a casa ricevo la telefonata del fratello di Helen:

— Ciao, ascolta… — il suo tono é alquanto grave.

— Ciao, dimmi… — rispondo senza voler ravvisare la sua preoccupazione.

— Gli investimenti…

— Si? — con tono che sembra aspettarsi buone notizie.

— Sono andati male.

— Ma che dici? É uno scherzo?

— No, purtroppo é vero — dichiara mio cognato.

Alcuni dei rendimenti, che potevano contribuire al sostegno del progetto, si volatilizzano proprio nel momento in cui ce n'é più bisogno.

Un altro pezzo del puzzle si sgretola.

Da solo, in macchina, arrivo allo svincolo della superstrada per Siena - Arezzo - Grosseto. Il cielo é coperto da nubi, scende una leggerissima pioggia, non c'é il sole che ho trovato il mese scorso.

La sensazione non é la stessa, forse é qui che perdo la mia ispirazione.

Poi, camminando per le vie del centro di Siena, appena uscito dallo studio, sento di essermi smarrito. Non mi sento più certo della direzione.

Le cose cambiano così rapidamente, quasi da un giorno all'altro, che devo essere estremamente flessibile per capire il significato degli eventi, il messaggio insito tra le righe.

Cammino sotto un cielo grigio e un po' freddo. Per mantenere i miei pensieri lucidi e brillanti mi occorre uno sforzo in più.

Voglio continuare a vedermi dentro la Luce.

Cosa sto imparando da questo momento? Penso che esista una spiegazione. La paura e la crisi si sono presentate quasi all'improvviso, ogni cosa é andata bene fino a qui ed ora tutto sembra rompersi.

Se non mi fortifico nel mio desiderio e crollo nel fallimento sarebbe come dire: "Il mio desiderio non era poi così valido." Rischio di attribuirgli un significato erroneo. La paura innescata dalla difficoltà fa vedere solo un lato dell'esperienza.

Inoltre c'é la fatica di imparare cose nuove, di partire con qualcosa che non ho mai fatto prima. Fare tesoro dell'esperienza non é qualcosa di scontato, preso nella sua accezione migliore può essere favoloso.

Rammento i momenti dove entravo nei vari studi medici e centri per il benessere: qualcosa dentro di me, nonostante l'incomprensione o l'indifferenza, resisteva ed usciva sorridente a testa alta. Sono stato e voglio ancora essere certo di compiere qualcosa di meraviglioso, voglio sentirmi felice e pieno d'amore.

Osservo la gente nelle botteghe, nelle case: mi appaiono lì da sempre, come un esempio di stabilità al quale pensavo mi sarei unito, ma non é possibile, almeno non nel modo che pensavo o che conoscevo. Ora mi sento pronto a spostarmi seguendo il cuore e nel movimento che percepisco sento apertura e possibilità.

Io ora mi sento così, in movimento…

Ho cercato di stabilire un contatto con il luogo e le persone. Il mio entusiasmo mi ha fatto apparire tutto e tutti come amici, qualcuno con cui si può stabilire una comunicazione, un rapporto. Invece sembrano esserci delle difficoltà, come quando sono andato in giro per negozi proponendo il mio massaggio gratuitamente, per farmi conoscere. Niente. Sembrava ci fosse come una sorta di paura o scetticismo. Sarei dovuto rimanere a Pistoia dove già mi conoscevano e avevo già fatto provare il massaggio. Perché qua? Seguendo questo ragionamento una miriade di pensieri mi assalgono, facendo scaturire un confronto serrato tra la mente e la gioia che mi ha condotto fin qui.

— Ma dico io, cosa hai combinato? Che errori di valutazione plateali! Ma é chiaro che se le persone non ti conoscono non si fidano! — infuria la mente.

— Perché? — risponde la gioia con tono di ingenuità.

— Perché? Ma che razza di domande fai! — ribatte la mente.

— C'é altro ti dico — replica la gioia.

— Dove? Non vedo niente! — ancora la mente sconcertata.

— Questo é il tuo problema.

— Ah, adesso tu vorresti dirmi che ho un problema?

— Certo, se non vedi oltre, ce l'hai.

— Vogliamo parlare del tuo primo matrimonio?

— No di certo, che c'entra?

— Te lo dico io cosa c'entra: avevi già fallito e ti sei andato a complicare la vita inventandoti tutte queste iniziative. Sei matto. Di questo passo farai fallire anche questo matrimonio!

— No, é diverso — si difende la gioia, tentando di articolare la risposta.

— Ovvero?

— Sono ispirato.

— Non so proprio di cosa tu stia parlando!— ribatte la mente più esterrefatta che mai.

— Lo so — afferma la gioia sicura.

— Va bene, non vuoi darmi ragione? E come farai con tutte quelle persone che tengono tanto a te e che si preoccupano perché hai perso la testa, cosa risponderai? Con cosa ti difenderai? — tuona la mente.

— La risposta sarà: Ispirazione. Qualcosa che é sopra la mente, al di sopra di tutti i retaggi di pensiero, di giudizio e di paura.

— Eri tanto bravo, tanto per bene. Ora sei proprio irrecuperabile — commenta la mente.

— Il viaggio per venire fino qui é stata l'esperienza più straordinaria della mia vita — dichiara la gioia.

— Si infatti, vedo dove ti sta portando — sentenzia la mente.

— E mi porterà ancora perché sono in viaggio, in evoluzione.

— Vedremo…

— Non aspetto di vedere cosa ho fatto per decidere se posso o non posso provare gioia.

— Pare che non faccia una piega — commenta cinica la mente.

— Una piega non é un arcobaleno.

— Chi ti capisce é bravo.

— Bravo abbastanza da non farmi buttare giù e pensare che quello che provo é importante ed ha un grande significato.

— Non potevi fare un po' più piano, ma che ti é preso? — chiede imprecando la mente sempre più sconfortata.

— Ho fatto come mi sono sentito, portando fin qui tutta la persona che ero per vivere un'evoluzione intensa — spiega la gioia.

— Io volevo solo dirti che quasi mi hai estromesso, potrei quasi dire: *hai fatto tutto di testa tua.* É il colmo!

— Certo, possiamo concertarci di più, ma per quello che ho fatto avevo bisogno di non averti troppo nel mezzo, altrimenti non ci sarei riuscito.

— Contento tu… — commenta la mente con scoramento.

— Si, io lo sono — conclude la gioia con fermezza.

Il punto della conversazione é proprio questo: si può essere felici per qualcosa che non é ancora avvenuto? E se si, come possono cooperare insieme la mente con i suoi pensieri e la gioia con le sue emozioni in questa prospettiva?

Capitolo 6

PANORAMA

Rientro a casa poco prima di pranzo. Ogni volta che torno qua sul Colle mi gusto la piacevole sensazione di rientrare in un luogo per me da fiaba. Dalla strada principale, poco prima di arrivare a San Gimignano, svolto a destra prendendo una strada che sale dove incontro prima un Bed & Breakfast, graziosamente contornato da ulivi, poi l'abitazione di Caesar e Olivia e in fondo la nostra. Parcheggio sotto il grande albero secolare che sembra salutarmi. Lancio uno sguardo al vigneto e agli ulivi sull'altra vallata e poi mi dirigo verso la porta di casa. Ben presto i gelsomini e gli altri fiori faranno da cornice a questo splendido angolo di paradiso, così come l'ho visto lo scorso anno a Settembre, la prima volta che ci sono arrivato. Ricordo di essermi sentito subito come in una favola, un luogo con un'energia gioiosa e amorevole. Adesso mi richiede po' di impegno, ma lo trovo sempre spettacolare.

— Ciao Helen — dico entrando in casa.

— Ciao Lore, dopo pranzo dobbiamo parlare — mi risponde visibilmente tesa — Inoltre, é arrivata la bolletta del riscaldamento — aggiunge.

— Va bene, dopo mangiato la guardo — rispondo comprendendo l'antifona.

Mangiamo. Poi mi siedo sul divano aprendo la busta contenente la bolletta.

— É alta? — chiede Helen venendo a sedersi di fronte a me.

—Beh, un po'… lo aveva detto Olivia che qui costa di più.

— Comunque sia non é il caso che continuiamo a pagare per una casa che non si riscalda, non ti pare? — dichiara Helen.

— Si, sembra anche a me. L'umidità impedisce il buon funzionamento dei termosifoni. Non voglio passarci un altro inverno — rispondo, come portando avanti l'argomento successivo.

— So che tu ci sei particolarmente attaccato…

— Si, ma dobbiamo dare la disdetta — ammetto completando la frase — Mi metterò presto alla ricerca di una nuova abitazione.

— Io, però, desidero avere un piano più preciso — continua Helen.

— Cioè? — chiedo, comprendendo dove Helen vuole andare a parare.

— Mi riferisco allo studio — dice guardandomi fissa negli occhi.

A quelle parole mi sento crollare dentro, perché mi sembra una cosa irreparabile.

— Forse ci vuole un po' più di tempo per… — rilancio come per insistere e sfuggire all'inevitabile.

— No Lore — ribatte secca Helen — Ti ho lasciato fare sia sulla casa che sullo studio, e così facendo ci siamo allontanati troppo dalla mia clientela. Ti ho visto determinato ed ho voluto assecondarti, ma così facendo non ho capito quanto questo fosse giusto per me.

— Sentivi anche tu l'esigenza di cambiare il tuo modo di lavorare, mi avevi detto — aggiungo come per fare il quadro della situazione.

— Si, é vero, però ora mi sento disorientata — ammette Helen, con la rabbia e il timore che le salgono dentro.

— Va bene, non ti preoccupare. Come procediamo allora?

— Se tu dai la disdetta della casa oggi, io poi domani penserò a quella dello studio — consiglia Helen.

— Sì, facciamo così — le rispondo.

— Bene — conclude Helen quasi sollevata — Scusa, vado un attimo fuori — dice congedandosi.

Helen si dirige ad osservare la vista dalla vallata. Una distesa verde come un mare infinito dove tuffare se stessi e ritrovare pace e fiducia. La raggiungo affacciandomi anch'io per vedere se posso darle un sostegno di qualche tipo, ma é difficile in questo momento.

Guardo Helen e ripenso a quando la portai, bendata per tutto il viaggio, verso un soggiorno speciale di due giorni, per festeggiare il suo compleanno nell'estate del primo anno che stavamo insieme:

— Ma quanto manca Lore? — ripeteva Helen lungo il tragitto.

— Non molto. Abbi fiducia, sarai ricompensata! — le dicevo felice.

— Che cosa avrai escogitato? — mi chiedeva tra l'impazienza e la trepidazione.

Quando arrivammo, dissi ad Helen di togliersi la benda e i suoi occhi si ritrovarono di fronte ad un magnifico castello, dove noi eravamo gli unici clienti. Ma non fu tutto. Helen mi aveva raccontato tante avventure vissute nei suoi viaggi, le quali mi fecero pensare che avrei potuto fare qualcosa di più…

— Helen svegliati! — le intimai nell'immensa camera da letto del castello.

— Ma che ore sono? — domandò assonnata.

— L'ora giusta, presto sbrigati! — ancora io senza esitazione.

— Cosa? Ma sono solo le 4,30! — esclamò Helen una volta in grado di guardare l'orologio.

— Presto, presto!

— Quanta fretta, scappa il treno? — ancora Helen su di giri.

— Il treno no, non direi proprio! — risposi più che mai divertito.

Ci vestimmo veloci scendendo spediti le grandi scalinate del castello, per poi fermarci di colpo davanti all'enorme cancello.

— Beh, allora? Che si fa? — chiese Helen assonnatissima.

— Attendiamo — le risposi.

— Attendere? — ripeté Helen iniziando a spazientirsi.

Dopo pochi istanti, nel silenzio di quel mattino ancora buio, un furgone spuntò dal nulla e si fermò davanti al prato prospiciente il castello. Scesero due ragazzi. Uno di loro, salutandomi, mi rassicurò:

— Ciao Lorenzo. Vedrai che ce la facciamo!

— Facciamo cosa? — chiese curiosa Helen.

Il mistero fu presto svelato: dal furgone uscì prima una grande cesta, poi un grosso ventilatore ed un pallone che iniziò a gonfiarsi: magicamente una splendida mongolfiera fece la sua apparizione.

— Evviva! Incredibile! — esclamò Helen saltando dalla gioia.

— Tutto é pronto! Potete salire a bordo intanto che comincia ad albeggiare — informò il pilota.

Il pallone venne scaldato con una potente quanto spettacolare fiamma e le corde che ancoravano la mongolfiera vennero rimosse.

— Partenza! — urlammo di gioia.

La cosa particolare era che l'aeromobile non emetteva nessun rumore, si sollevava leggero e silenzioso nell'aria, al che io feci partire i miei effetti speciali.

— Che cosa ti sei portato? — chiese il pilota vedendomi armeggiare qualcosa.

— Ci vuole un po' di musica… — gli risposi ironico estraendo un piccolo stereo portatile.

Quindi feci partire la meravigliosa musica del film Mission e fu una sensazione immensa!

Sfruttando correnti diverse ci librammo in cielo sopra la campagna e poi sulla cittadina vicino al castello per sorvolare le case, salutando addirittura le persone alle finestre e quelle che stavano montando i banchi del mercato del paese. Andavamo incontro alla luce dell'alba volando leggeri, trasportati in silenzio come da una forza misteriosa, poiché la corrente che ci sospingeva non la udivamo. Una sensazione magnifica.

Poi il pilota contattò via radio il suo collega per farsi indicare un luogo dove atterrare. Dopo aver sorvolato un campo pieno di girasoli, poco dopo atterrammo su un prato libero.

Un'esperienza incantevole e indimenticabile.

Ora qui a SanGi, il ricordo del volo in mongolfiera mi appare come una metafora per la nostra vita, con emozioni quali la gioia, la sorpresa e la trepidazione.

Come la mongolfiera non sa di preciso quale vento utilizzerà per spostarsi e atterrare, così per noi un senso di avventura per non sapere esattamente quale sarà la prossima destinazione e quale vento ci porterà.

Capitolo 7

ISPIRAZIONE

Vieni Helen, stammi vicino
é buio e non si vede bene
ci siamo quasi
la luce della torcia fa intravedere una porta
l'apro
la luce ci invade.
Helen, usciamo fuori.

Dopo una notte non proprio tranquilla, capisco e mi riprendo da dolori e sconforto per ritornare sulla cosa importante: i desideri.
Non le paure, ma i desideri; non i no, ma i sì.
Non un dire: *Guarda cosa hai fatto!* Ma: *Bene che sei arrivato fin qua.*
Non giudizio, ma piena comprensione.
Non sbagli, ma esperienze pienamente vissute.
Non dolore e paura, ma forza interiore e movimento.
Così tornano i colori e sento che io ed Helen siamo più che mai insieme.

Imbocco la strada bianca a fianco della casa per camminare. Il mondo intorno ora é un'altra cosa: il salto del cerbiatto fa sussultare il mio cuore; il rapace si stacca dal filo e vola fiero sulle dolci colline verdi; l'airone troneggia con la sua impareggiabile signorilità; gli uccellini sui rami degli alberi cantano e sembrano dirmi di essere sereno e fiducioso.

Amo questo posto, l'ho amato fin da subito.

Poco dopo, mentre proseguo nel mio cammino, ecco che le lacrime arrivano. La gioia mi invade e c'è posto solo per lei. Così il resto non fa più male, tutto è compreso. Tutto é luce e serenità in un modo grandioso ed é fonte di nuova vita che si rinnova, come una grande comprensione.

Seguire l'evoluzione non è cosa da poco. Io ne sto sperimentando gli effetti. Con le due disdette già inviate di casa e studio, il viaggio è ricominciato. Come liberare il campo ed affacciarsi su un nuovo panorama. É la forza della decisione. Si crea un nuovo focus dove l'energia torna a proiettarsi.

La voglia di infondere ispirazione si allarga come un'onda calda di passione, una sensazione immensa.

Sento che io ed Helen siamo sperimentatori di qualcosa che intuiamo e sentiamo dentro di noi. A momenti mi percepisco come estraneo al mondo, ma allo stesso tempo più vicino ad un altro mondo fatto di energia e luce, gioia e benessere.

Così mi appare la nostra vita, sganciata ormai da ogni consuetudine, ogni riferimento e per questo aperta ad infinite possibilità.

Rientro a casa. Helen é alla sua scrivania, mi sembra che sia intenta a scrivere, non la voglio disturbare, così mi dirigo sotto il pergolato in giardino. Prima però, sento di prendere il quaderno degli appunti, un po' di fogli, penna e matite colorate.

Mi siedo sotto il pergolato in giardino. Si sta bene, l'aria é primaverile. Dò uno sguardo a SanGi che da qua si vede benissimo e poi inizio a scrivere anch'io qualcosa. In un primo momento quasi non mi rendo conto: sono appunti uniti a bozzetti che finora non ho mai fatto, ma continuo a buttare giù quello che mi arriva, le idee scorrono così bene e così in fretta che mi sento come sotto un getto di… ispirazione! Questa é la parola giusta. Mi sembra di perdere la cognizione del tempo e dello spazio tanto sono dentro al processo di creazione.

Dopo un paio d'ore avverto la voce di Helen dalla porta di casa che mi dice:

— Io oggi mangio qualcosa al volo!

— Si… anch'io, credo — le dico sbrigativo.

— Che fai? — chiede curiosa.

— Scrivo qualcosa. E tu? — le rispondo laconico.

—Anch'io… ti dico dopo — anche lei ermetica.

Vado a procurarmi velocemente due fette di pane con un po' di affettato in cucina e ritorno subito al tavolo in giardino. La sensazione che accompagna l'arrivo delle idee é troppo stupenda e non voglio s'interrompa. Infatti continua per tutto il pomeriggio ed infine alla sera ci troviamo affamati in cucina con Helen:

— Che mi dici? — le domando con l'espressione nel volto di chi ha vissuto un'esperienza indimenticabile.

— Sto scrivendo… un libro. É favoloso! — dice Helen esultando, poi continua — Era da tanto tempo che volevo farlo, ma non era mai successo così come oggi. Tutte le volte che ci avevo provato finivo sempre per smettere, perché le idee non scorrevano, le parole erano troppo gravi. Oggi invece ho sperimentato qualcosa di diverso: mi sentivo fluire con il processo di scrittura e rileggendo quello che veniva fuori mi sentivo bene. Sono concetti sul benessere, posti in maniera personale, informale, spontanea. E tu?

— Credo sia un manuale sull'ispirazione con disegni e schede di esercitazione per fare un lavoro su se stessi. La cosa bella é che utilizza la metafora della mongolfiera. — spiego con il cuore pieno di gioia.

— Bene, allora domani ci rimettiamo subito al lavoro — propone Helen felicissima per questa bella novità.

— Sicuramente, spero di non fermarmi mai — le confido.

Il processo di scrittura va avanti per giorni e giorni. Io sempre sotto il pergolato e lo sguardo amorevole di SanGi ed Helen alla scrivania in casa. La cosa fantastica é che in contemporanea inizio anche un secondo libro! Questo prende la forma di un romanzo autobiografico, in cui racconto le esperienze che mi hanno portato ad essere chi sono oggi. Cosa ancora più spettacolare: mi vengono in mente i titoli per la trilogia del manuale sull'ispirazione e quelli per la trilogia dei romanzi. Favoloso! Anche Helen ha già delle nuove idee per un secondo libro.

É davvero incredibile: appena ci siamo liberati da cose che ci potevano occupare solo tempo indebolendoci, l'ispirazione ha iniziato subito a fluire. Questo é quello che c'era qui per noi, la gioia che provo adesso é proprio come il sentimento che ho provato due anni fa all'uscita di Poggibonsi Nord e nel momento che Alice mi condusse qui per vedere la casa.

Siamo presi in un vortice creativo meraviglioso e nel giro di un mese i nostri primi due libri sono pronti ed iniziamo le ricerche delle case editrici a cui proporli.

Questa ispirazione ci ha rivitalizzato e arrivano anche idee per condurre incontri di gruppo, così indiciamo i primi seminari che vanno benissimo.

Partono anche le ricerche per la nuova casa. Helen sta facendo un pensiero alla Maremma, nel sud della Toscana, anche se potrebbe essere più conveniente tornare nei paraggi di Firenze, più vicini alla sua clientela.

7. ISPIRAZIONE

Chissà se nella prossima casa troveremo il caminetto che qui ci é mancato e forse anche un soggiorno più luminoso?
Il viaggio continua.

Capitolo 8

INCONTRI SPECIALI

Rincasando trovo Caesar vicino alla sua abitazione e mi fermo a scambiare due parole. Ha partecipato alle nostre vicissitudini ed ora che ci vede più sereni, ne é felice.

— Ciao Lorenzo! — dice salutandomi con animo rincuorato — Come stai?

— Ora direi proprio bene. — rispondo sollevato.

— Anche io adesso mi sento meglio — mi confida Caesar — Senza avere più tutto il lavoro del campo potete dedicarvi totalmente al vostro lavoro — commenta.

Caesar ha ragione: disdicendo la casa altre persone potranno occuparsi del podere, sfruttandone il raccolto a breve.

— Un po' mi dispiace, però si, é meglio così — ammetto.

— Io vi auguro tutto il meglio, anzi spero proprio che facciate fortuna — esprime Caesar a cuore aperto.

— Grazie Caesar, mi fanno molto piacere le tue parole — rispondo con gratitudine.

— Tu pensi che la farai? — mi chiede inquisitivo.

— Io penso di si — rispondo sorpreso dalla domanda.

— Intendo dire — prosegue Caesar — Pensi che diventerai ricco?

— Si — rispondo nutrendo in me qualche riserva, poiché non capisco dove Caesar vuole andare a parare.

— Scusa se ti dico così, ma purtroppo nella mia vita ho visto che coloro che hanno fatto i soldi, non li hanno mai fatti in modo onesto. Spero che a te capiti di farli e che ciò non ti cambi dentro.

Rimani la persona che sei adesso Lorenzo.

— Certo Caesar, ti ringrazio.

Caesar vuole veramente bene a me ed Helen e malgrado sia rimasto un po' perplesso, mi accorgo che le sue domande non sono poi così fuori luogo. Il lavoro interiore sul denaro é partito quasi un anno fa, cercando di investire i nostri soldi in qualcosa di più redditizio. Pur non avendo concretizzato molto, é già stato un cambiamento importante, che mi ha portato a mutare il mio stato d'animo nei confronti della ricchezza. Ora sento che qualcosa si sta evolvendo ulteriormente in me e sembro non oppormi più al desiderio di ricchezza come facevo un tempo. Mi dico: "Il mio standard di vita é sempre stato più o meno lo stesso, ma come sarebbe se veramente riuscissi ad attrarre tanto denaro da cambiare il mio standard e da lì in poi rimanere sempre su quel livello e oltre? E che cosa rappresenta un'esperienza simile?" Mi vedo anche mentre parlo alle persone nei seminari di questa grande possibilità, facendo in modo che coloro che vogliono alzare i propri standard, possano capire che esiste un sistema diverso da tutti gli altri, che poi è lo stesso per realizzare i propri desideri. Si tratta di comprendere i propri schemi mentali, le credenze e le regole che hanno costituito il proprio stile di vita fino a quel momento e di cambiarli.

— Avendo a fianco una persona come Helen — continua Caesar — Credo proprio che ci riuscirai.

— Si Helen é un po' più esperta di me in questo ambito — voglio spiegare a Caesar che Helen ha più di me la mente per il business e gli investimenti. Io sono un po' alle prime armi, ma Caesar continua:

— Devo confessarti Lorenzo che vedo più adatta lei di te in quello che state facendo. Helen ha una laurea e in più altri studi, un modo di fare ed una dialettica molto raffinati.

— Beh, su questo hai ragione Caesar.

— Comunque dai, metticela tutta — conclude sincero Caesar congedandosi.

In effetti il mio cambiamento é avvenuto molto velocemente e alcune persone mi vedono ancora come quello che sono stato e non nella mia versione attuale. Il più forte di tutti però é uno zio di Helen: sapendo che lei ha avuto un suo studio privato di psicologia, quando mi vede é solito dirmi:

— Io al posto tuo non vorrei fare il segretario che prende le telefonate della dottoressa! — mi confida ridendo a crepapelle.

Comprendo il suo punto di vista e penso anche: "Se non ho studiato, da dove mi arrivano dunque le informazioni per i libri, le sessioni ed i seminari?"

Finalmente eccoci arrivati all'evento fatidico: oggi é il mio primo appuntamento con Lucille, quello che io chiamo "un incontro speciale". Lei ha la facoltà di collegarsi a quelle entità che si possono definire Guide Spirituali, canalizzando consigli e chiarimenti sulla propria esperienza di vita.

La prima volta che sentii parlare di questa possibilità risale a circa tre anni fa. Mia madre si recò a Bologna da una persona simile a Lucille, tra l'altro che le era stata presenta da Helen, la quale le dette un messaggio per me:

— Le suggerisco un paio di libri da far leggere a suo figlio maggiore che ha prana da vendere: uno parla di alcuni aspetti della vita di Gesù, mentre l'altro riguarda l'educazione.

Il libro su Gesù parlava degli anni della sua giovinezza, accennando qualcosa a proposito del suo training per vedere l'aura e l'energia. Non vi avevo trovato rivelazioni particolarmente eclatanti, ma in un certo qual modo aveva un'attinenza con quello che stavo vivendo, poiché era il tempo che frequentavo il corso triennale di Pranic Energy Healing a Firenze. Imparando e praticando ad affinare la sensibilità nel fare da veicolo ad un'energia di benessere, la figura di Gesù mi veniva spesso in mente.

Il libro sull'educazione raccontava di un progetto internazionale, un'organizzazione della quale al tempo ancora non comprendevo il nesso. Ricordo però, che rimasi sorpreso dal fatto che qualcuno avesse creato qualcosa al di fuori delle istituzioni classiche.

In un certo senso mi aprì un mondo nuovo.

Alle quattro del mattino sono già sveglio. Con gli occhi aperti guardo nel buio e mi arriva un flusso di immagini spontanee: mi vedo che apro la porta di casa e un'ondata di monete mi investe, poi apro la porta del ripostiglio e giù ancora una valanga di monete d'oro, poi apro i cassetti del comò ed escono banconote, così tanto contante da prenderlo a mazzi. Mi immagino di arrivare in banca con l'auto piena di monete che mi ricoprono fino a metà del busto e quando apro lo sportello ne cadono un bel po' per terra, ma mediante un super aspiratore le aspiro per farle arrivare direttamente in banca.

Inoltre, uscendo dalla casa di SanGi, una fila interminabile di camion giunge fino a lì, sono talmente tanti che non se ne vede la fine, gettando lo sguardo giù dalla vallata. I guidatori mi dicono che trasportano merce preziosa: io penso a ispirazione e prosperità.

Mi sento proprio bene e tutto questo non é scontato per me: mi sento come se avessi vissuto uno sblocco mai avuto prima riguardo all'abbondanza.

Nel suo studio Lucille, seduta ad una scrivania, mi fa accomodare davanti a lei. Ha con sé un registratore per incidervi quello che verrà detto durante l'incontro, così da poterlo riascoltare quando ne sentirò la necessità. Dopo una breve presentazione, accenno a quello che sto vivendo e poi aspetto che lei inizi la sua connessione con le Guide. Lucille tiene gli occhi chiusi per restare concentrata, poi inizia a parlare e le sue parole sono calme, senza tempo, eterne. La sensazione é divina, perché avverto che lì con noi sono presenti le entità e sento che si tratta di qualcuno che tiene molto a me e mi conosce molto bene. Dell'incontro, durato un'ora, ricordo alcuni importanti passaggi:

"Uno dei tuoi problemi era che comprimevi la tua energia, per questo non poteva venir fuori bene o era difficile da maneggiare: come un getto d'acqua che esce da un pertugio stretto. Adesso hai allargato il pertugio, quindi la tua energia può scorrere senza sforzo: ciò che é iniziato a fluire dalla tua penna o quando parli, è sempre più fluido.

E' importante per te accettare che un lato del tuo carattere ha bisogno di mettere le cose a posto, mentre un altro ha necessità di muoversi in maniera istintiva per accedere all'intensità dettata dal nuovo. Il tuo bisogno di spostamento non è solo un viaggiare fisico, c'è un impatto forte che ricevi quando cambi posto, anche un riverbero immediato nell'uso del pensiero. Per questo motivo senti di viaggiare: ti aiuta a conoscerti, espandere la coscienza e risvegliare qualcosa di specifico nel vasto spazio della tua interiorità.

Hai avuto il coraggio di liberarti da una corazza e non era così scontato farlo perché se da un lato di imprigionava, dall'altro ti dava la sensazione di protezione. Questo è il passo più grande ed amorevole che ti sei concesso finora: non era scontato, quindi abbi molto apprezzamento. Questa percezione di tenuta la stai ricreando in altro modo, come consapevolezza di una maestria che acquisisci giorno dopo giorno.

Come il serpente che cambia pelle per rinnovarsi e poi si divincola per lasciare andare tutti i vecchi brandelli, tu sei andato ad abitare dove sei andato perché se fosti rimasto dove eri, non ti saresti accorto del rinnovamento in corso ed avresti avuto la tendenza a mediare quel che c'era prima coi nuovi impulsi. Hai trovato il coraggio di percorrere la strada che non conoscevi e che sempre più ti spiegherà tante cose.

Non è un'improvvisazione questo metterti a disposizione degli altri, anche questo fa parte del progetto di questa incarnazione: perciò puoi collegarti consapevolmente al piano spirituale perché fa parte dell'accordo preso.

Abituati a pensarti ampio, come se tu sapessi che non hai esplorato tutto il tuo territorio e quando tocchi parti nuove, sono attrezzate. Sappi di avere risorsa, potenzialità di dare buone risposte agli stimoli che ti arrivano dalla vita, anche in situazioni in cui non ti sei ancora cimentato: metti già in conto che c'è risorsa. Questa vita non è un'improvvisazione, ci sono incarnazioni alle spalle in cui hai già imparato tanto, quindi non hai da imparare tutto questa volta: attingi a ricchezze già sviluppate prima, per questo è importante che tu sappia di avere tempo e opportunità che ti permettono di esplorare questo spazio fertile. Dentro di te c'è molta abbondanza, hai già coltivato anticamente buoni principi e saperi: in questa vita intrecci tanti fili insieme, quindi non stupirti se ci sono situazioni in cui scopri di avere o conoscere già, perché attingi a questo patrimonio di fondo. Abituati a sentire che c'è molto sostegno."

8. INCONTRI SPECIALI

É stata un'esperienza eccezionale: sapere di avere qualcuno che segue i miei passi da vicino, addirittura nell'anima e che ciò che vivo é frutto di un'evoluzione interiore, é semplicemente fantastico!

Capitolo 9

UN LASCIARSI PORTARE

Sono quasi le otto del mattino. Mi alzo, metto la vestaglia e mi reco in giardino a vedere il panorama. È una bella giornata. Le torri di San Gimignano si ergono fiere sulla sinistra, e sulla destra infinite colline adornate di case in pietra disseminate ovunque. Per me è sempre la visione di un sogno o per meglio dire la sua concretizzazione. Più in basso, un po' di nebbia mattutina crea come un lago intorno ad alcuni colli, tanto da farli sembrare isole.

Scendiamo dal nostro amato Colle con la macchina per andare a raggiungere la superstrada.

In alcuni momenti mi sembra che un po' di giudizio riaffiori in me, da dove viene? Forse spendo troppa attenzione verso quello che é stato, giudicando alcune scelte giuste e altre meno. Così facendo mi rendo conto che finisco per guardare nella direzione sbagliata e questo non mi fa sentire bene. Se mi trovassi a bordo di una mongolfiera e procedessi nel mio viaggio, guardando troppo nella direzione opposta a dove sto andando - che nella vita potrebbe essere rappresentato da recriminazioni o lamentele - ciò mi porterebbe a sentirmi meno sicuro, con conseguenti emozioni di timore e sfiducia. Ciò sta avvenendo perché non sono voltato nella direzione giusta. É un fatto di attenzione, di focus.

Le disdette di casa e studio hanno innescato un nuovo cambiamento che mi spinge a voltare pagina, a guardare avanti.

Tuttavia, il non sapere esattamente dove e come le situazioni si dispiegheranno, può generare paura e insicurezza.

Come posso proseguire il mio viaggio con fiducia?

Nell'incontro con Lucille ho ricevuto una serie di conferme: l'*ispirazione* che conduce al *cambiamento* in un *viaggio* di scoperta. Concetti espressi con totale assenza di giudizio e paura, ricchi di supporto e apertura, quello che serve per vivere al meglio un'evoluzione.

La nascita dei libri l'ho definita un *colpo di scena* nella sua accezione più positiva, un evento che mi ha portato a reinterpretare ciò che mi é accaduto prima, con una chiave di lettura diversa. Soprattutto mi ha fatto sentire che essere andato lì a SanGi é stata la scelta giusta.

Quando sembrava che tutto stesse crollando e che non avrei più lavorato nello studio di Siena, né vissuto a San Gimignano, una parte di me si criticava per aver fatto quelle scelte, ma un'altra parte sentiva qualcosa di diverso ed aspettava di capire cos'altro poteva succedere.

Quando imbocchiamo la strada principale, dopo l'ultima curva, quasi sul dirizzone, scollinando, ecco cosa si mostra sopra di noi: una meravigliosa mongolfiera! Per me il simbolo e la metafora dell'ispirazione.

Quella visione é come un segno, anche bello grande, che mi fa vedere e sentire che sono sulla strada giusta. Sembra dirmi: "Fidati della tua Ispirazione."

Così trovo la risposta per proseguire il mio viaggio con fiducia, come *un lasciarsi portare,* la sensazione provata sulla mongolfiera dove non avevo udito il vento, ma sapevo che c'era e mi stava trasportando. Infatti il pilota sfrutta le correnti di vento che trova durante il viaggio, per definire le rotte. Non é qualcosa di prestabilito, avviene quando si é in volo.

9. UN LASCIARSI PORTARE

Così io, durante questo mio viaggio di evoluzione, ascoltandomi per sentire ciò che provo in relazione a dove sto andando in un dato momento, posso ricevere l'indicazione che mi serve per immettermi nella corrente di vento appropriata, che mi conduce verso una certa direzione. Se mi sento bene la rotta sarà giusta e se una traiettoria cambia, un'altra se ne prospetta.

Questa metafora del *lasciarsi portare,* che si può definire anche *essere nel flusso*, é ciò che sto sperimentando nella vita.

Ma se é il vento a muovere la mongolfiera, cos'é che ha mosso le mie scelte, ispirandomi a venire qui? Le spiegazioni, approfondite e dettagliate, le sto trovando in alcuni libri letti di recente: si chiamano *Gli Insegnamenti di Abraham* e sono diffusi da Esther e Jerry Hicks. Mi piacciono perché parlano di azioni ispirate.

Io non sono mai stato un grande lettore nella mia vita, anzi direi quasi per niente, poiché ho letto pochissimi libri dei quali ricordo davvero poco. Se non fosse stato per il mio risveglio culturale, avvenuto in occasione del completamento a posteriori degli studi di maturità, che mi portarono ad appassionarmi per la prima volta ai libri sull'arte e la poesia, più alcuni letterati, avrei potuto definirmi un illetterato.

Degli *Insegnamenti di Abraham* ho praticamente divorato i cinque libri tradotti in italiano. Dentro ho trovato le risposte che, anch'io come Jerry Hicks, andavo cercando fin da bambino.

L'assunto principale di questi insegnamenti é che esiste una Corrente di Energia Pura e Positiva che permea il Tutto proveniente dalla Sorgente, alla quale siamo connessi e che fa di noi delle estensioni fisiche sul piano non fisico. Ciò avviene perché siamo esseri vibrazionali immersi in un universo vibrazionale. Tutto é in connessione. I nostri pensieri sono vibrazioni che possiamo dirigere verso ciò che sentiamo essere il meglio per noi.

Attraverso le nostre emozioni capiamo quello che ci piace o non ci piace. Mentre una parte di noi é concentrata in questa realtà Fisica, un'altra parte rimane focalizzata nella dimensione Non Fisica e possiamo denominare questa parte Essere Interiore. Essa comunica con noi attraverso le emozioni. I desideri che esprimiamo si trovano custoditi in una realtà vibrazionale denominata Vortice.

Helen aveva già letto i libri di Abraham in inglese prima che fossero tradotti e come me ne é entusiasta al punto che decidiamo di partecipare ad un loro workshop.

Esther e Jerry, sposati nella vita, tengono i loro seminari da quasi 30 anni in tutte le principali città americane durante i weekend. Ultimamente hanno trovato anche un'altra forma di incontro con le persone: a bordo di una nave da crociera. I partecipanti hanno la possibilità di godersi il viaggio visitando splendidi luoghi e avendo anche il tempo di partecipare al workshop durante la navigazione.

Helen ed io ci prenotiamo per la crociera che si terrà tra non molto in… Alaska!

Con la macchina arriviamo al luogo dove abbiamo l'appuntamento con l'agente immobiliare. Deve mostrarci una porzione di colonica molto simile a dove siamo adesso, nella campagna della provincia fiorentina. Abbiamo abbandonato l'idea di andare in Maremma, rimanere più vicini a Firenze ci appare la cosa più sensata.

— L'appuntamento é per le 15, giusto? — chiedo ad Helen.

— Si, siamo un po' in anticipo — risponde lei.

— La casa é qui vicino? — domando.

— L'agente mi ha detto che da qui ci vorrà solo qualche minuto.

— Bene — commento come a cercare fiducia.

Cerco di argomentare, ma é chiaro che la suspence é palpabile, abbiamo già visto diverse case e nessuna ha colto la nostra attenzione. Quando abbiamo dato la disdetta della casa di SanGi, il tempo a disposizione per trovare la nuova abitazione ci era sembrato tanto, ma adesso si é ridotto a poco più di due mesi.

Scendo dall'auto per annusare l'aria, per vedere se mi arriva qualche sensazione riguardo a questa zona: niente, non mi giungono particolari impressioni.

Questi momenti sembrano sospesi nel tempo e nello spazio, l'aria appare spessa e l'atmosfera rischia di farsi pesante ed é facile per me tornare a biasimarmi. Per fortuna ecco che l'agente immobiliare arriva con la sua auto:

— Salve! Helen e Lorenzo immagino.

— Si, siamo noi! — rispondiamo all'unisono, con tutta la nostra voglia di trovare la casa giusta.

— Bene, seguitemi — dice l'agente.

La speranza dentro di me ce l'ho, mi piace andare incontro al nuovo, però con una sensazione come quella che ho provato per SanGi mi dico: "Com'é possibile che possa avvenire ancora una cosa simile a quella di San Gimignano?"

— Parcheggiate qua — ci consiglia l'agente indicandoci uno spiazzo libero.

— Venite vi faccio vedere! — esclama l'uomo con entusiasmo.

A me fa piacere che sia così propositivo, ma penso che non saranno le sue parole a farmi decidere.

L'agente dopo averci descritto la situazione all'esterno della casa, ci introduce al suo interno: la cucina potrebbe anche ritenersi carina, ma poi, quando passa alle altre stanze, sento che qualcosa si muove dentro me, quasi un senso di disgusto, c'é un materasso messo un po' male e sento che non va bene. Mi dispiace, perché capisco che dovrò dirgli che non fa per noi.

Rientriamo verso casa delusi e un po' stanchi:

— Ho visto che proprio non ti piaceva, é così? — chiede Helen avendo notato le espressioni sul mio volto durante la visita.

— Si, mi dispiace, ma é proprio così — rispondo triste.

— Si, é lo stesso anche per me. Mi rincresce che non ci sia piaciuta, un po' ci contavo — commenta Helen.

— In ogni un modo una casa la troveremo — dico per premura.

— Anche se non ci piace proprio come SanGi? — domanda Helen. Comprende che l'ho voluta rassicurare, ma al tempo stesso prova un senso di delusione.

Il nome di SanGi fa scattare in me il ricordo delle meravigliose sensazioni e sento che ci deve essere altro per noi:

— Io dico di sospendere le ricerche. Tra poco andiamo in crociera e sento che succederà qualcosa. Credo che dopo la casa uscirà fuori.

Di ritorno dalla visita della casa vicino Firenze, prima di andare a letto vado in giardino per annaffiare le piante.

Poi mi dirigo alla consueta veduta delle torri: l'aria è fresca, comincia a imbrunire, ma come sempre su San Gimignano c'è ancora luce. Le campane cominciano a suonare tutte insieme, ma non sono rintocchi consueti, continuano e si prolungano.

Mi affaccio nella stradina a fianco la casa dove uno stupore mi attende. Piccoli lumini intermittenti si muovono nell'aria lungo la strada: sono le lucciole. Mi volto per guardare i campi alla mia destra che danno sulla vallata e posso contemplare lo spettacolo di centinaia di lucine che ammantano l'erba alta dei campi, con il loro bagliore gentile. È fantastico.

Torno in casa per chiamare Helen e anche lei viene ad ammirare la scena e ne rimane estasiata.

I rintocchi delle campane continuano e sembra che ad ogni

vibrazione emessa dal loro suono corrisponda l'intermittenza luminosa delle lucciole.

Dentro di me escono delle parole: *Tutto é connesso.*

Capitolo 10

STUPENDE GEOMETRIE

Da Annabelle, in una piccola frazione di Bagni di Lucca, il tempo é mite. I rovesci d'acqua che abbiamo incontrato per strada, qui non ci sono e mi sento meglio.

Stamani abbiamo fatto sosta nel nostro paese d'origine ed Helen ha notato che ero un po' strano. Le novità e le evoluzioni che sto vivendo sono magnifiche, ma talvolta mi fanno sentire diverso e questo mi dà da pensare. Sento che questo mi pone in una luce diversa rispetto al contesto dove sono nato e a volte mi crea qualche difficoltà. Per la verità un po' differente mi sono sempre sentito, ma senza sapere bene il perché. Al tempo stesso però, attraverso le mie ultime esperienze e le scoperte fatte mediante gli *Insegnamenti di Abraham*, molti interrogativi si sono chiariti, grazie ai quali ricordo chi sono veramente e questo mi fa sentire davvero bene.

Decidiamo di stare fuori sotto il pergolato godendoci il fantastico scenario delle montagne circostanti. Un gruppetto di case se ne stanno arroccate su una cima alla nostra sinistra, in parte ricoperta di verde. Svettano alte, a guardare la vallata.

Helen ed io siamo venuti da Annabelle per passare insieme il solstizio d'estate, ma anche per parlare del suo ultimo libro, quello sui cerchi nel grano, che entrambi abbiamo letto.

Il fenomeno dei cerchi avviene solitamente nei campi di grano o altri cereali, dove le piante, piegate in maniera uniforme, formano fantastici simboli.

Annabelle si é trasferita qui da Milano alcuni anni fa, nel momento in cui ha iniziato ad avere contatti telepatici con dimensioni superiori. Le informazioni che ha ricevuto, le hanno permesso di decodificare il messaggio dei cerchi per il riequilibrio fisico, emotivo e spirituale.

Comprendendo che siamo Esseri Vibrazionali, possiamo beneficiare delle frequenze elevate espresse dalle geometrie dei cerchi, tramite la loro osservazione o bevendo acqua, la quale é divenuta *informata* dopo averla messa in un bicchiere su uno dei cerchi interessati.

Il libro di Annabelle raffigura e cataloga i simboli che i cerchi rappresentano, ciascuno di loro con utilizzi diversi.

Personalmente, ho utilizzato uno di loro per curarmi da un forte dolore alla spalla, durante i tre giorni denominati da me *Del furore*, che furono i precursori delle scelte avvenute prima e dopo il viaggio di nozze in Australia.

Quel dolore rappresentava qualcosa di nuovo che desiderava esprimersi ed insieme la difficoltà ad aprirmi al cambiamento.

Oggi le stupende geometrie dei cerchi nel grano mi aiutano a contattare qualcosa di profondo, mi fanno sentire a casa e mi danno la misura di quello che é possibile realizzare attraverso l'ispirazione. Mi sento bene.

Capitolo 11

NUOVE FRONTIERE

A San Gimignano questa mattina il tempo é mosso dal vento. Le nubi popolano ancora il cielo. Sono immerso in un pensare, meditare, scrivere e comprendere. Su questo colle viene così bene osservare il panorama, il mondo, me stesso. É stupendo.
Le persone che di tanto in tanto ci raggiungono, ci dicono che si sentono avvolte dalla calma, percependo pace nell'anima.
Ho concluso la prima stesura del libro che descrive l'inizio di questo viaggio, mentre per il secondo, il manuale sull'ispirazione, Helen dovrà fare le illustrazioni.

Rifletto sull'esempio di imprenditoria che ho ricevuto dal parente di un familiare. É una persona giovane che ha avuto delle idee, ha creato dei prodotti e li ha messi sul mercato ricavandone lauti profitti. Adesso so che sta investendo anche in altro. Non lo conosco personalmente, però mi sembra uno che sa fare i conti e che comunque pensa ai guadagni che può realizzare. Cerco un pò di comprendere coloro che si sono creati una certa indipendenza economica, eppure mi sento distante da quello che potrebbe essere considerato il giusto approccio all'imprenditoria.

In passato ho sempre dissociato le mie passioni e il mio entusiasmo da eventuali guadagni. É un fatto che posso collegare all'assenza di valore? Forse. Ho mai riconosciuto il mio valore? Probabilmente mai. Quando da giovanissimo andavo nelle pasticcerie e nelle cioccolaterie a lavorare, lo facevo soprattutto per la mia soddisfazione. Mio zio, vedendo la mia intraprendenza mi diceva:

— Bravo Lorenzo, impara il mestiere, così un giorno guadagnerai ciò che vuoi.

Pur riconoscendo che mio zio mi voleva bene e sperava il meglio per me, le sue parole mi risuonavano storte, perché era come se lo facessi per i soldi, mentre la grande ricchezza che ricevevo da quelle esperienze, era per me rappresentata da un'immensa gioia. Certo, a quel tempo ero ancora giovane, ma in effetti non é che in seguito la questione denaro l'abbia presa proprio in considerazione: nel ristorante di famiglia ricevevo una paga per la quale non mi sentivo all'altezza; al servizio comunale prendevo uno stipendio omologato; nel catering mi davano la quota che un amico si era conquistato.

E adesso? Per lo meno sto pensando di più al soggetto denaro, anche perché ora dipende solo da me.

Aeroporto di Amsterdam. Quasi ora di imbarcarsi.

Il personale della sicurezza comincia a disporsi ai propri posti ed accendere i dispositivi per effettuare i controlli.

Alcune persone usano dei carrelli per trasportare agilmente le loro valigie. Una bambina sui cinque anni sta in piedi su uno di quei veicoli: sorride come se si trovasse su una giostra. Mi rammenta quando da piccolo andavo con mio padre al grande magazzino dei generi alimentari. Anche per me era una specie di giostra, con la sensazione magica del lungo carrello spinto da mio padre; la diversità dei prodotti e delle loro scatole; le cartelle forate con i dettagli degli alimenti che potevo custodire e che poi venivano scrutinate dal severo impiegato, appena giunti alla grande bilancia. Ma soprattutto, il fatto che entrando nel magazzino, alto, fresco e senza finestre, sembrasse di entrare in un mondo a parte, quasi segreto. Era davvero divertente ed affascinante. Bello poter avere un punto di vista gioioso e curioso, in grado di vedere il mondo come un'esperienza magica. É quello che provo per questo viaggio in Alaska: mi appare un sogno. Nel giro di pochi mesi già torniamo in America. È incredibile, sta accadendo davvero. Siamo riusciti in questo momento importante ed impegnativo a permetterci questo nostro desiderio. Sono grato anche per lo sviluppo che sta avendo il nostro lavoro, ci sentiamo più sicuri, disinvolti e sereni.

L'alba che illumina il finestrino dell'aereo sembra far luce anche dentro me e mi sembra di viaggiare verso il luogo dei miei sogni, come se si trovassero in una parte del cielo. Che viaggio... Così scopro che i desideri sono la parte più intima, ancor più di quando uno piange o si dispera. Mi appare quasi più semplice soffrire, soddisfa un po' il bisogno di importanza, fa sentire collegati a se stessi e sfoga il dolore. Il desiderio invece è un divenire, quasi un miraggio, una visione da scegliere, qualcosa a cui collegarsi: richiede di essere presenti a se stessi, non spettatori passivi.

Mentre ci rechiamo al porto di Seattle, Helen ed io parliamo delle storie dell'infanzia raccontate da alcune persone famose. Essi hanno detto che é stato anche grazie alle grandi difficoltà che hanno attraversato, che sono poi potuti arrivare al livello di agiatezza in cui si trovano. Come a dire che i disagi o le mancanze vissute li hanno spronati a volere di più.

Siamo giunti al Pier 91. Ci imbarchiamo. Persone gentili ci accolgono, forse siamo gli unici italiani.

Sul ponte principale della nave da crociera ci sono dei musicisti, proprio come quando avevo 17 anni e vi salivo come garzone pasticcere. Allora c'era in me il desiderio di imparare bene il mestiere e fare carriera, ma anche di mettere da parte il denaro per ristrutturare il ristorante di famiglia al mio ritorno.

Ora, dopo tutto quel tempo, porto con me nuove aspirazioni: la prospettiva dei libri e la voglia di continuare a parlare alle persone di spiritualità ed evoluzione.

La nave lascia il porto di Seattle.

La cena inizia alle 18. Il nostro tavolo é situato alla fine della sala: un'immensa vetrata ci mostra il mare che ci lasciamo alle spalle.

Ci troviamo a tavola insieme a tre coppie di americani. Che spettacolo! Sono divertenti e molto alla mano, nonostante il mio inglese incerto riesco a tenere un po' di conversazione.

L'uomo di fronte a me mi rivolge una domanda:

— Qual'è la tua occupazione nella vita?

— Sono un coach — rispondo orgoglioso. La traduzione letterale della parola é "allenatore".

— Di calcio o della vita? — chiede ancora l'uomo. In America quel termine viene usato sia per indicare il trainer di una squadra, che per colui che aiuta le persone nel raggiungimento di obbiettivi specifici.

— Life coach — rispondo, poiché riguarda il miglioramento della vita.

— Molto bene — replica il distinto signore.

— Lei, invece? — mi sento di chiedergli.

— Adesso sono in pensione, ma fino a un anno fa ero ingegnere aerospaziale alla Nasa.

— Great — commento. Che magnifica carriera penso dentro di me. Mi rivedo da giovane, su una nave come questa, quando credevo ancora che avrei fatto della passione per la cucina e la pasticceria una carriera. Mi tornano alla mente le espressioni dispiaciute di coloro i quali avevano assistito al mio cambio di direzione:

— Ho sentito che lasci l'azienda di famiglia, é così? — mi dicevano.

— Si, esatto. Vado a fare il cuoco nelle scuole del Comune di Pistoia. Avrò più tempo a mia disposizione — rispondevo felice.

— Per fare cosa? Un secondo lavoro? — chiedevano.

— No, direi proprio di no. — ribattevo sicuro di me.

Credo suonasse proprio strana quella mia scelta ed anch'io al tempo non le sapevo dare una collocazione esatta. Tutto quello che pensavo era: "Più tempo per me, che meraviglia."

Di tempo ne ebbi a sufficienza e pieno di tante nuove esperienze, ma soprattutto fu propedeutico al cambiamento di adesso. A distanza di tempo, mi rendo meglio conto di come sia stata graduale questa mia apertura all'Ispirazione e del senso che ha avuto e continuano ad avere scelte e avvenimenti, nonostante non sempre ne comprenda il motivo, inizialmente.

— Avete la domanda per Abraham? — ci chiede la donna seduta di fianco ad Helen — Domattina inizia il seminario — aggiunge.

— Io si — risponde Helen.

— Io no — ribatto come per dire che probabilmente non l'avrò nemmeno in seguito.

La domanda é il bello dei seminari di Esther e Jerry Hicks: mentre Jerry sta seduto alla sua scrivania, intento a prendere appunti e controllare i computer, Esther si posiziona di fronte all'audience. Dopo essersi rilassata con qualche respiro profondo, riapre gli occhi e a parlare con i partecipanti é… Abraham! Una coscienza di gruppo che interagisce dalla dimensione Non-Fisica. Chiaramente si esprimono con la voce di Esther, non é più come negli anni '70 quando tali fenomeni avvenivano con i medium che andavano in *trance,* cambiando voce.

Abraham all'inizio tiene una breve introduzione e poi chiede alle persone di cosa vogliono parlare. I partecipanti qui sulla nave sono circa cinquecento, molti alzano la mano ed Abraham sceglie una persona alla volta, che andrà ad accomodarsi di fronte ad Esther per avere risposta ai propri quesiti.

Per me i coniugi Hicks hanno il grande pregio di aver reso il collegamento tra la dimensione Fisica e quella Non-Fisica, naturale. Attraverso il loro modo semplice e la video registrazione degli eventi, tutto assume la caratteristica di normalità.

Oggi la nave é in navigazione, così alle 9 di mattina si aprono le porte del teatro per accogliere i partecipanti al workshop.

Helen ed io entriamo nella vasta sala, dove viene diffusa la musica che precede i loro seminari. Un'atmosfera serena, giocosa direi, che predispone ad essere leggeri.

Ed ecco che Esther e Jerry salgono sul palco! Scatta un'ovazione di applausi dalla sala. Che emozione vedere di persona qualcuno che piace così tanto e che finora ho solo visto nei video. Mi ricordo che una cosa simile mi successe una decina di anni fa, quando mi recai in un paesino della Calabria per seguire un concerto di Franco Simone. Rammento che quando apparve sul palco dissi tra me: "Esiste davvero!" É un po' la differenza che c'é tra il pensare di fare una cosa e farla, toccarla con mano. Tra l'altro, dopo il concerto, feci di tutto per andarlo a conoscere, suonando alla porta dove lo avevo visto sgattaiolare alla fine dell'esibizione. Una volta riuscito ad entrare, quando Franco mi vide, mi chiese:

— E tu che ci fai qui?

— Sono venuto a vedere te — risposi felice.

Fu un bel viaggio fino in Calabria, un'esperienza sorprendente.

Ora mi trovo su questa nave da crociera diretta in Alaska ed é sensazionale che qualcosa che mi ha mosso dentro, mi stia portando ai confini del mondo.

Intanto Abraham ha chiesto alle persone di cosa vogliono parlare e tanti hanno alzato la mano per essere scelti. Anche Helen ha la sua mano alzata. Una persona viene chiamata sul palco.
Le domande e le risposte continuano per tutta la giornata, sono interessantissime.

Io ed Helen siamo qui per avere spunti e maggiori comprensioni di questa prospettiva che, per quanto mi riguarda, trova molte similarità con le mie recenti esperienze. Infatti Abraham parla del contatto con l'Essere Interiore, per ricevere supporto ed essere ispirati, proprio quello che é scaturito ultimamente in me e che sta confluendo nei miei libri e nelle mie parole. Abraham spiega che da questa nostra Parte Interiore, oltre a idee, possiamo ricevere anche impulsi, esattamente quello che mi é successo quando mi sono diretto a San Gimignano.

Andiamo a passeggiare sul ponte più alto. Uno scenario spettacolare si apre davanti ai nostri occhi: il blu intenso del mare, i vari isolotti ricolmi di alberi verdi, il sole che ammanta tutto e si riflette potente sui nostri abiti bianchi e oro. Questa crociera é anche per celebrare il primo anniversario del nostro matrimonio e con tutta l'ispirazione che stiamo ricevendo, c'é tanto da festeggiare, così ci siamo portati i vestiti cerimoniali, che ora brillano su questo ponte pieno di luce.

La settimana scorre piacevole: nei giorni di navigazione partecipiamo ai seminari e durante le soste visitiamo le varie località con le caratteristiche casette in legno, che raggiungiamo attraversando fiordi adornati di ghiacciai.
L'avventura volge verso il termine: la nave ha ripreso la sua rotta verso Seattle e oggi pomeriggio ci sarà l'ultimo workshop.

Per tutta la mattina ho avvertito una strana sensazione, qualcosa come un presagio, ma ancora non mi è chiaro.

Alle 14 ci rechiamo nel teatro, andando a posizionarci nelle prime file alla destra del palco. Sono agitato ed emozionato per via di quel foglio che ho con me, posto nella tasca posteriore sinistra: la domanda per Abraham. Sto seduto sopra le parole che mi sono sgorgate ieri e che Helen mi ha aiutato a tradurre in inglese.

Esther si trova sul palco con Jerry, emette qualche respiro ed entra in collegamento con Abraham. Senza tanti preamboli chiede la domanda, mi aspettavo che parlasse un po', non comprendo subito, ma poiché tutti o quasi alzano la mano, anch'io compio quel gesto. Esther si volta subito dalla parte dove siamo seduti: il suo sguardo é un tutt'uno con il braccio che indica dalla nostra parte. Penso che stia chiamando Helen o qualcuno dietro di me, così abbasso la mano. Esther ripunta la sua mano, dice qualcosa, sembra che stia guardando proprio me, tutti abbassano le loro mani, rimane solo la mia, chiedo con voce stupita e in italiano:

— Io…?

Una risata generale scatta nel pubblico. Sono proprio io! Posso rivolgere la mia domanda. Mi devo alzare, muoviti Lore! Scavalco Helen, poi ripenso che il mio inglese non é il massimo e annuncio che ho bisogno di lei come traduttrice… Ancora risate dei presenti. Esther fa aggiungere una sedia sul palco per Helen.

Incredibile, mi sento come quando siamo andati in India qualche anno fa. Helen si era voluta recare da un astrologo che il suo amico e collega indiano Krishna le aveva detto essere molto bravo. In effetti, quando siamo arrivati da lui, lo aveva scritto anche su una targa posta sopra l'entrata: *Miglior astrologo 2007*. Un ragazzo ci fa accomodare nello studio e rimane con noi per tradurre in inglese. L'uomo si presenta e chiede:

— Chi vuole fare la lettura? — chiede il giovane traducendo.

Helen gli risponde: — Io — dice proponendosi.

L'astrologo la guarda con fare indeciso:

— Uhm… — sussurra, poi getta sul tavolo una manciata di piccole conchiglie e pronuncia qualcosa in Indiano, che il giovane assistente traduce:

— Dice che non si può fare, non é il momento.

Helen rimane sorpresa: — Non me l'aspettavo.

Poi l'astrologo dice qualcos'altro, sembra rivolto a me.

— वह ठीक है !

Al che io mi affretto a dire:

— Dai Helen, andiamo, ci avrà detto di uscire, di non insistere.

Così faccio la mossa per alzarmi e il ragazzo mi ferma:

— Ha detto "Tu vai bene!" — dice indicandomi con la mano.

— Cioè, vuol dire… — replico balbettando.

— Che vuol fare a te la lettura. — spiega il giovane sorridendomi.

Mi volto verso Helen che sta già ridendo. Così acconsento e mi rimetto a sedere, con l'astrologo che mi guarda felice ed inizia la sua lettura.

Adesso in questo seminario sulla nave, sembra che stia accadendo qualcosa di simile. Mi siedo su una sedia del palco, lasciando il posto libero per Helen dove c'é il microfono. Al che Abraham, rivolgendosi a me, chiede:

— Di chi é la domanda?

— Mia. — ammetto un po' teso.

— E che ci fai seduto lì allora?

— Beh… — non so cosa dire. Mi sono messo qui pensando di lasciare il microfono ad Helen perché parla meglio l'inglese.

— Questo ragazzo sembra un po' in difficoltà? — dice Abraham scherzando con il pubblico che si pronuncia in fragorose risate.

— Non vuoi fare tu la domanda? — ancora Abraham.

— Si, la voglio fare. — a quel punto capisco. Scambio il posto con Helen ed estraggo la domanda dalla tasca posteriore:

— Penso di essere nel Vortice del mio desiderio sul denaro perché ci credo, ma non ne sono del tutto sicuro, perché in passato ho avuto un atteggiamento e uno schema diverso nei confronti del denaro, seguivo i miei desideri senza curarmi di guadagnare. Stavo evitando il denaro. Ora ho iniziato a pensarci perché sono pieno di grandi progetti, che richiedono molti soldi per essere realizzati. Per la prima volta sento l'importanza di avere ricchezza. Come posso essere sicuro di aver integrato questa prospettiva nella mia nuova vita?

— Hai mai avuto difficoltà con i soldi, intendiamo a reperire denaro? — chiede Abraham.

— Direi di no — affermo. Dentro me sento che il lavoro di cuoco e pasticcere mi hanno sempre sostenuto. Pur avendo dato le dimissioni dal Comune, ho detto fin dall'inizio che in presenza di qualche problema, io potrei tornare a lavorare. Questo mi fa sentire bene e mi fa rispondere in maniera affermativa alla domanda di Abraham.

— Allora segui il tuo entusiasmo e i soldi seguiranno. — questo é il consiglio che mi viene dato.

— Bene. — commento, poi mi volto leggermente verso Helen con un'espressione come dire "Tutto a posto."

— Ci sono altre cose che ci vuoi chiedere? — domanda Abraham.

— No, sento che va bene così, grazie. — rispondo, avvertendo con la coda dell'occhio che Helen forse avrebbe voluto aggiungere qualcos'altro, tipo: "Lore, chiedi più dettagli!"

I dettagli verranno. L'entusiasmo é quello che sento dentro, il mio motore, lo é sempre stato anche in passato, ed é quello che mi ha condotto a San Gimignano. Sento che é sufficiente affidarmi alla gioia e all'ispirazione.

Finito il seminario, all'uscita del teatro alcune persone mi fermano:

— Quali sono i grandi progetti che hai? — mi chiede una donna.

— Cosa riguardano? — domanda un'altra.

Menziono qualcosa a proposito di famiglia e di casa, non mi rendo bene conto e le persone rimangono un po' confuse. Capisco che nella mia domanda mi sono riferito a grandi progetti e mi ha fatto molto piacere che qualcuno abbia mostrato interesse verso i miei intenti, ma adesso sembro come ritrarmi e minimizzare.

A cena celebriamo l'evento del giorno:

— Sei andato sul palco al tuo primo seminario! — dice il marito della coppia di americani conosciuti il primo giorno e che sono a tavola con noi.

— É stato davvero emozionante! — rispondo.

— E poi sei potuta salire anche tu! — esclama la moglie dell'uomo rivolgendosi ad Helen.

— Fantastico! — dice Helen entusiasta.

— Quelli non sono Esther e Jerry? — chiede sorpreso il nostro amico indicando con la mano un tavolo vicino.

Incredibile, stasera i coniugi Hicks sono seduti proprio nel tavolo a fianco a noi.

— Dai, vai a salutarli! — mi esorta l'amico.

— No, non voglio disturbarli. — ribatto e mentre pronuncio queste parole, scorgo con la coda dell'occhio che Esther mi sta guardando sorridente. Così le ricambio il saluto e lei mi invita a andare al loro tavolo. Con Helen raggiungiamo Esther e Jerry, che con molta serenità parlano sia dell'incontro con Abraham che di ciò che ho espresso nella mia domanda. Ci incoraggiano con grande gioia nei nostri progetti tenendoci teneramente per mano. Fantastico.

Sull'aereo di ritorno mi gusto le piacevoli sensazioni di questo immenso viaggio, davvero al di sopra di ogni aspettativa.
Mi viene da aprire il taccuino. Il piccolo schizzo che vi prende forma raffigura un appezzamento di terreno con case, fattoria con animali ed altre costruzioni. Così rammento quello che era avvenuto nel viaggio in Australia: Helen ed io disegnammo un paio di edifici in legno, le prime idee per un centro educativo.
Quando le persone mi avevano chiesto all'uscita del seminario quali fossero i miei progetti, lì per lì non avevo saputo rispondere, ma questa intenzione é sia in me che in Helen, l'ispirazione la fa uscire naturalmente da dentro di noi.
Mettendo insieme tutti gli elementi come lo schizzo di stamani, i disegni in Australia e la natura della mia domanda ad Abraham, comprendo meglio quello che c'era in me quando mi dirigevo verso SanGi: un'immensa forza unita ad entusiasmo che celava grandi cose, che non potendo ancora comprendere esattamente cosa fossero, le avevo riposte nell'ampiezza dello studio a Siena, come era stato confermato anche nell'incontro con Lucille.

Abraham, insieme ad Esther e Jerry, in pratica ci hanno detto di credere nella nostra idea, lasciandoci guidare dall'entusiasmo.

Capitolo 12

POESIA

Un festival del benessere ci porta in Umbria. Quando arriviamo avverto che c'é una bella energia, molta pace. Al mattino teniamo delle presentazioni e poi nel pomeriggio ci dividiamo per condurre dei seminari.

Io tengo una meditazione guidata che ho denominato *Pane di vita.*

Durante questo processo invito i partecipanti a considerare i propri desideri con la metafora-intenzione di fare il pane; a sentire le loro emozioni e poi vederle sotto forma di farina; ad aggiungere il lievito come fosse l'ispirazione e poi osservare nell'elemento acqua che scivola nell'impasto, una luce. Tutto questo svolto con molta calma e musiche di sottofondo evocative.

La meditazione piace moltissimo e al termine una ragazza mi chiede:

— Com'è successo che oggi mi sono sbloccata? — riferendosi ad emozioni che sembravano ferme da parecchio tempo.

— Perché hai contattato il tuo Essere Interiore e ti sei permessa di chiederti cosa vuoi veramente — le rispondo.

L'assunto di base é la connessione con l'Universo che tramite l'Essere Interiore favorisce il contatto con i desideri per poi lasciarli lievitare, ossia dando il tempo all'Universo di mettere insieme tutti gli ingredienti per poi gustarli, vedendoli realizzati nella propria vita.

Avevo iniziato a svolgere spontaneamente laboratori simili al *Pane di Vita*, quando ero andato a vivere da solo a Pistoia in seguito alla fine del mio primo matrimonio, per sollevare le mie emozioni. Servendomi di una buona macchina fotografica avevo scattato delle foto e avevo fatto fare degli ingrandimenti, poi li avevo posti in alto sui muri associandovi delle scritte specifiche. Osservandole, mentre ascoltavo musiche stupende, iniziavo una sorta di viaggio. A volte mi immaginavo le scene al rallentatore ed allora si creava qualcosa di incredibile. Come la foto delle tre persone che avevo immortalato nel parco, sedute ognuna su una panchina, con la testa reclinata e un senso di infelicità. Poco dopo aver iniziato il mio laboratorio, vedevo giullari colorati che iniziavano a saltare e danzare intorno alle persone, le quali venivano contagiate dalla loro gioia, alzandosi e ballando insieme a loro. Tutto si espandeva nella luce anche dentro di me.

A pensarci, i semi dell'Ispirazione e della Luce Interiore, erano presenti già una decina di anni fa. Professionalmente adesso mi considero un *uplifter*, colui che aiuta ad elevare il livello energetico ed emotivo negli altri, che io traduco con il termine *Ispiratore*.

Definisco l'ispirazione come la Voce Interiore, il mezzo con cui l'Essere Interiore comunica con la parte che siamo stati abituati ad identificare come noi stessi. Come ho già detto, i desideri vengono conservati nel Vortice – uno spazio con vibrazioni elevate – e quando siamo in risonanza con essi possiamo percepirne l'effetto che producono in noi attraverso il solo pensarci, grazie alle belle emozioni che proviamo. Talvolta però, i pensieri possono essere distolti da qualcosa o divenire troppo pesanti e si può non riuscire a contattare il Vortice. I processi come il *Pane di Vita* aiutano a stare più sereni ed alzare le proprie vibrazioni, per sentire le piacevoli sensazioni che sono in grado di regalarci.

Il magnifico concerto cui abbiamo assistito ieri nell'abbazia di San

Galgano, tra campi di girasoli e dolci colline, mi porta a riascoltare un po' di musica classica. Mentre cerco un brano, spunta la composizione Vide Cor Meum. Meravigliosa. La faccio sentire anche ad Helen e subito veniamo trasportati nel desiderio del nostro centro educativo per l'evoluzione dell'essere. Così ci arrivano delle immagini: vediamo una campagna stupenda dalla cui terra spuntano gli edifici del centro e ci commuoviamo. Con le lacrime agli occhi dalla gioia, vediamo adulti e bambini che scendono da colline verdi correndo per abbracciarsi. Sono immagini che ci toccano il cuore.
Il progetto del centro é più che mai dentro di noi.

Intanto però, abbiamo bisogno di una nuova abitazione.
Avevo detto ad Helen che quando saremmo tornati l'avremmo trovata, ma nei momenti in cui mi sembra che non possa accadere mi preoccupo. Perché?
Prima di andare in crociera avevo sentito che sarebbe avvenuto qualcosa ed infatti é successo, Abraham mi ha consigliato di seguire il mio entusiasmo. Sento di averlo fatto venendo qui a SanGi, ma il fatto che dobbiamo trovare un'altra casa sembra accendere una nota dolente. Può non essere un grande problema, poiché una casa in fondo la si può sempre trovare, ma il punto non é questo: io desidero sentire l'ispirazione. Voglio seguire l'indicazione fornita dalla mia gioia.
Cercare qualcosa che si sente che non c'é non fa sentire bene, Abraham mi direbbe che sono sulla *mancanza del mio desiderio*. Invece cercare qualcosa che si sente che c'é, anche solo vibrazionalmente, fa sentire bene ed é quello che viene definito *essere sulla presenza del desiderio*.
Le sensazioni che ho provato prima e durante SanGi, mi hanno

fatto sentire inequivocabilmente nella presenza. Le mie emozioni mi hanno spinto verso quel qualcosa che sentivo esserci già, anche se non ne conoscevo i dettagli precisi.

Equivalgo il contattare l'ispirazione a una specie di forza, quella della fiducia, in grado di aprire scenari e panorami nuovi, in linea con i propri desideri.

Trovare un luogo tanto per trovarlo mi appare un ripiego e non mi apporta quella gioia potente che conosco.

Così mi viene da pensare alla bella esperienza vissuta due giorni fa in Umbria, a quella pace, all'energia del luogo e mi torna alla mente che durante un passaggio da quella terra, tre anni fa, ho provato emozioni di amore intense tanto che vi avevo scritto una poesia:

Cara campagna
che esalti il mio cuore,
che componi note per l'anima
che ora sente di amare così tanto
quelle pietre nate dai verdi prati,
prendimi con te,
non lasciarmi passare
e andar via...
Grazie,
per avermi fatto capace
di amare così tanto.

I miei versi erano talmente struggenti, che quasi arrivai a commiserarmi per averli composti, quasi fosse un'esagerazione. Ma poi mi capitò di udire i versi di una famosa poetessa recitati da una grande attrice e sentii che era tutto giusto. Era stato solo il non essere abituato a sentire una declamazione di tanto amore.

Questo ricordo riaccende in me le emozioni di allora e inizio a provare sensazioni di amore, di benessere, sullo stile di SanGi, inaspettatamente.

Chiamo subito Helen a gran voce:

— Helen! Helen!

— Lore, che succede? — mi risponde sorpresa.

— Tutto bene amore, indirizza le ricerche sull'Umbria — le dico.

— L'Umbria?

— Si, vedi se la nostra casa si trova là.

— Va bene, ma tu dove vai? — chiede Helen vedendomi salire in macchina.

— Arrivo a SanGi a prendere il pane, ho un po' di adrenalina da scaricare! — le confesso partendo veloce.

Entro a comprare il pane nel forno della piazza antistante la porta principale di SanGi:

— Buongiorno, vorrei mezzo kg di pane.

— Questo tipo va bene? — chiede la commessa.

— Si, grazie.

— Era già stato qui da noi, giusto? — mi chiede la donna.

— Si, credo a comprare delle paste per la colazione, forse un mese fa.

— Non mi sembrava una faccia nuova, quindi non é qui in vacanza, abita nei paraggi?

— Si, sul Colle dove sta anche Caesar.

— Ma senti, è da tanto?

— Circa un anno ormai.

— Bene! Allora ci rivedremo?

— Penso di no, tra poco ci trasferiamo.

— Di già? E dove?

— Forse in Umbria.

— Auguri allora! — auspica gentile la donna.

— Grazie mille! — le replico uscendo felice.

Particolare la conversazione con la commessa del negozio, ha come fatto la sintesi di questa mia esperienza.

Il mio cellulare squilla:

— Torna appena puoi, ho trovato la casa — dichiara Helen con tono fermo.

— Davvero? — esclamo sorpreso.

— Non crederai ai tuoi occhi! — esclama Helen.

— Dove si trova?

— In Umbria.

— Arrivo! — rispondo entusiasta.

Riparto verso il Colle con la musica a tutto volume nello stereo. Sono contento, sento che ci siamo. Lancio sguardi alla campagna che mi ha accolto e dato tanto. Sono colmo di felicità. In me scorrono le immagini dei progetti, degli slanci editoriali, delle interviste, dei seminari. Tutto.

Arrivo a casa, parcheggio e mi dirigo veloce nel giardino: Helen mi aspetta al computer:

— Guarda Lore… — dice indicandomi la pagina web che mostra una favolosa colonica.

— Bellissima! — esclamo — Ma chissà quanto costa — dichiaro prudente.

— Meno di dove siamo adesso — afferma Helen.

— Davvero? Incredibile… — non mi sembra vero vedendo com'é bella — Guarda quanto giardino però, chi se ne deve occupare? — chiedo, forte dell'esperienza con il podere di SanGi.

— Ci pensano i proprietari — risponde pronta Helen.

— Favoloso, ma… i nostri animali saranno ammessi? — chiedo per essere sicuro di non avere brutte sorprese.

— Non vedono l'ora di accoglierli!

— Fantastico! — esclamo.

— Poi ci sono alberi di olivi, fichi e noci, e poi c'é anche il... caminetto! — aggiunge Helen.

— Il caminetto? Meraviglioso! — esclamo felicissimo che ci sia il focolare tanto desiderato — Mi sembra che ci sia davvero tutto — esclamo soddisfatto.

— A dire il vero, c'é anche qualcos'altro — dice Helen con un grande sorriso.

— E sarebbe? — chiedo ignaro.

— Guarda bene le foto... — consiglia Helen.

— Una piscina! Spettacolo! — non ci vedo più dalla gioia.

— Domani abbiamo appuntamento per vederla. — dichiara Helen

— Sarebbe perfetta, si libera dal primo di Settembre — aggiunge.

Eccolo qua, proprio quello che aspettavo: il colpo di scena. É arrivato e sento tutte le sensazioni caratteristiche dell'ispirazione. Mi aspetto che vada bene, che la casa, il posto ed i proprietari ci piacciano e noi piacciamo a loro.

Non vedo l'ora.

Capitolo 13

UNA CONTINUITÀ

Dalla strada asfaltata regionale giriamo a sinistra, dove inizia uno sterrato di quasi 2 km che attraversa boschi, campi di grano e di girasoli. Inizio a percepire una sensazione di pace. Mi torna in mente il viaggio e l'arrivo alla casa di SanGi: una natura fatta di vigneti ed olivi, la strada che saliva in cima fino al colle e poi la casa divenuta la nostra dimora fino ad oggi. Raggiungere un luogo mai visitato prima e sentirmi a casa, che sogno.

Rallentiamo per imboccare una strada a sinistra dove un cancello aperto ci immette in una proprietà. Proseguiamo piano sul viale interno costeggiato da pini, altri alberi e anche olivi su entrambi i lati. Mi sento eccitato e molto felice, le sensazioni sono stupende. Poco più avanti i proprietari sono ad attenderci davanti la loro casa, una bella colonica ristrutturata. Ci fermiamo.

— Benvenuti! — ci dice la ragazza insieme ai suoi genitori — Mi chiamo Zoe.

— Grazie mille, é un posto stupendo. Io sono Lorenzo — replico con gioia.

Poi guardo intorno: c'é molto spazio, praticamente un parco con l'erba ben curata; sulla sinistra, un po' più avanti, riconosco la porzione di colonica dove potremmo abitare; sul limitare della proprietà c'é il bosco. Sono estasiato e a mio agio. Sento già che per me é cosa fatta.

— Venite, vi mostro la casa e poi se volete la piscina che si trova proprio qua a fianco. — dice Zoe.

— Va bene, grazie — le risponde Helen.

Io oramai ho il sorriso stampato sulla faccia e sono senza parole. Dentro me ho iniziato a sentire meravigliose emozioni e sono in preda ad un entusiasmo smisurato, la medesima sensazione provata quando avevo attraversato l'Umbria un paio di anni fa e molto simile a quella di SanGi: gioia pura.

Zoe ci accompagna su una bella scalinata che conduce ad uno stupendo loggiato: — La casa che vi propongo é la porzione di colonica qui al primo piano, sotto non avete nessuno. Inoltre da questa parte godete della vista sul giardino e poco più in là si trova il bosco.

Entriamo: si apre ai nostri occhi un magnifico salone con il soffitto alto con travi a vista e dotato di ampie finestre che lo rendono luminosissimo. Davanti a me campeggia un ampio camino con due belle poltrone, per godersi al meglio l'atmosfera creata dal fuoco. La parte destra della stanza é adibita a sala, vi si trovano anche un divano e un tavolo originale con il piano in ceramica; la sinistra invece é riservata alla cucina con una lunga tavola.

— Venite vi faccio vedere le camere — dice Zoe inoltrandosi nella zona notte — Sono due: una matrimoniale sulla sinistra ed un'altra camera sulla destra con tanto di soppalco, entrambe con bagno privato — aggiunge descrivendoci gli spazi.

Mi sento davvero bene, non ero mai entrato in uno spazio così ampio e luminoso, al quale si aggiunge il bel giardino privato e il resto della proprietà, dove si può comunque passeggiare. Soprattutto c'é molta pace e percepisco delle sensazioni di espansione. Dopo tutto ciò che ho vissuto a SanGi, mi chiedo cosa posso ancora aspettarmi. Sono sorpreso e felice da tutto quello che ho trovato qui oggi.

Naturalmente Helen ed io abbiamo espresso il nostro interesse per la casa. Anche per Zoe sembra che vada bene, deve solo parlarne con i suoi genitori e ci farà sapere.

Il ritorno a casa é un misto di sensazioni: mi sento felice, ma penso anche che tra poco dovremo lasciare SanGi.
In cima alla salita del Colle troviamo Caesar che avevo informato dell'appuntamento di oggi:
— Allora, com'é andata? — ci chiede premuroso.
— Molto bene Caesar — gli rispondo come a tranquillizzarlo, anche se so bene quanto tiene a noi e sia dispiaciuto che andiamo via.
— Vi siete trovati bene? — chiede ancora per sincerarsi Caesar.
— É davvero un bel posto. — dice Helen.
— Come SanGi? — chiede ironico Caesar guardandoci negli occhi.
— SanGi é SanGi. — replico rivolgendogli a mia volta uno sguardo d'intesa.
— Resterà sempre dentro di noi. — confessa Helen emozionata.
— Via, si é fatto tardi, andate a casa. — consiglia sbrigativo Caesar con gli occhi che iniziano a riempirsi di lacrime.
— Si, andiamo. — dico acconsentendo, poiché l'emozione é tanta anche per noi.
Sono immensamente grato per tutto quello che ho vissuto qui e al tempo stesso l'aver trovato la magnifica casa in Umbria mi aiuta a capire che esiste una continuità.
Ricordo che quando comunicai la decisione di lasciare SanGi ad alcuni conoscenti ed amici, essi si dispiacquero molto, gli sembrava rappresentasse un problema; alcuni argomentarono che certi particolari potevano essere valutati in modo da evitare una simile esperienza. Questo riguardava anche lo studio in una certa

misura e il fatto di aver lasciato il mio precedente lavoro troppo presto. Comprendo questi stati d'animo, perché li ho provati prima di tutto dentro di me, sia per aver vissuto la mia vita prima di SanGi in tutt'altro modo, sia perché stare al passo con questa mia ispirazione é qualcosa di diverso da ciò a cui ero abituato. Eppure il nocciolo della questione sta proprio qui: il senso di continuità che provo ha a che fare con lo stare in contatto con la mia ispirazione e cioè con quello che la vita mi ha portato ad essere. Essere in linea con ciò che sono, né più, né meno, che parte da dentro e si riflette all'esterno.

I fatti tra l'altro lo dimostrano: la riflessione che sembrava ponderata di cercare una casa/studio nelle vicinanze di Firenze, per offrire più facile accesso alla clientela di Helen, si é rivelata inattuabile. Nessun luogo con nessuna casa valida é apparsa nel nostro scenario o, per dirla come se fossi su una mongolfiera, nel nostro *Panorama*. Non che fosse un'idea sbagliata, é solo che in virtù del mio desiderio dell'Umbria, la casa é come dire *apparsa* là. Il luogo e l'abitazione non sono solo meravigliosi ed anche vantaggiosi per il prezzo e ciò che offrono, ma sono anche in linea con le sensazioni che ho provato per SanGi. É chiaramente tutto da vedere, ma io sono eccitato all'idea che possa avvenire un nuovo colpo di scena, che faccia evolvere la situazione in modi che non avrei potuto immaginare, ma che ben riguardano i miei desideri e i loro sviluppi.

Capitolo 14

GRANDE PACE

I proprietari del casale in Umbria sono stati felici di accoglierci. Ora che le fatiche del trasloco sono finite possiamo rilassarci. Ci sentiamo di nuovo a casa e non mi sembra scontato, anzi mi appare incredibile.

Qualche cartone di troppo mi da l'opportunità di accendere il camino. Beh, non proprio, é solo un piccolo fuoco, ma é meraviglioso lo stesso, perché per qualche minuto posso godere della magia della fiamma.

Mi accomodo sulla poltrona in sala. Sento che sta nascendo in me un sentimento più delicato e sensibile. Guardo Luna distesa sul suo giaciglio mentre dorme e mi commuovo; ammiro i tre girasoli colti stamani da Helen nel vaso blu trasparente e provo amore; osservo sul tavolo di cucina i vasi di marmellata di more che siamo già riusciti a fare con amici e familiari e sono colto da stupore.
Tutto questo é l'Umbria, è il sentimento della nuova casa e che respiro nei dintorni, come quando oggi, passando dal campo di grano che si trova sulla strada di casa, mi é venuta voglia di fare una ripresa video. Una leggera brezza muoveva la distesa di spighe dorate e mi é sembrato un mare infinito di grande pace e benessere. Passando immediatamente a fare il montaggio, ho rallentato la velocità della sequenza e inserito una musica evocativa che, unita alle immagini, mi dà il senso di qualcosa da cui si origina la bellezza e la meraviglia del creato.

Non mi sorprende l'aver scoperto che in questa regione trovino posto conventi, abbazie, eremi ed anche centri per lo sviluppo personale, c'é davvero un'energia particolare, una quiete infinita.

Sta cambiando il mio punto focale qui: sento di preferire che le persone che conosco vengano qua, piuttosto che io raggiungere loro. Il clima di distensione che la natura offre mi appare come un senso di immensa libertà, dove la vita scorre in maniera più naturale, in uno spazio più aperto.

L'idea del centro é sempre più vivida e particolareggiata, sentita e sognata. Ci proponiamo di ricreare in questa casa, naturalmente in piccolo, i servizi che nel centro verranno maggiormente ampliati: sessioni, massaggi, seminari e Pranic Energy Healing; inoltre é nata l'accoglienza per le coppie e le singole persone desiderose di vivere un ritiro di uno o più giorni, per contattare meglio se stesse e affrontare le proprie dinamiche, mentre si avvalgono della meravigliosa cornice umbra. Con Helen ci chiediamo: "Il Centro che faremo sarà qua? É qui che ci stabiliremo?"

Ora che sono ancora più consapevole di quello che voglio fare insieme ad Helen, vivo quello che definisco una "calma vibrante" data dalla pace del luogo e dal pensiero che questa situazione può essere temporanea, ossia un *passaggio* verso qualcos'altro e va bene così. É come dire sto bene, sono rilassato e al tempo stesso pronto per un nuovo scenario, quando comparirà. Questa é la concezione che mi sono fatto dell'evoluzione non solo mia, ma anche delle situazioni, poiché le vedo collegate fra loro. Come quando a SanGi abbiamo potato gli olivi, ma raccolto le olive e fatto l'olio qui in Umbria. E' stare nel flusso: niente si perde e tutto si ritrova, poiché tutto è collegato

Sento che per vivere al meglio il cambiamento é necessario

semplicemente non resistergli. Nella precedente esperienza a SanGi ho visto che nel momento in cui ho smesso di mettere in discussione le mie scelte, non solo sono stato meglio, ma ho anche ricordato che c'era un'altra indicazione data dall'Ispirazione da soddisfare, quella dell'Umbria, e che venendo qui si sta mostrando in linea con la mia l'evoluzione, quella di Helen e del nostro lavoro.

Infatti il sentimento che respiriamo sta dando forma ad un nuovo libro, stavolta da scrivere insieme, dal nome *Illumina la tua Vita*. Ha l'aria di un'opera che comprende tutta la nostra filosofia e ci appare la naturale espansione di ciò che stiamo vivendo.

— Buongiorno, arrivo subito, la raggiungo al cancello in un attimo. — dico al corriere che mi ha chiamato al telefono — Helen sono arrivate le cialde del caffè, vado a prenderle al cancello. — le dico avviandomi giù per la scalinata.

Prendo la bici e via veloce nel vialetto che porta fino all'entrata del podere.

— Ecco qua il suo ordine. — dice il corriere porgendomi la scatola.

— Grazie mille. — replico rimettendomi in sella alla bicicletta.

Ho notato che il corriere é rimasto sorpreso nel vedermi spuntare dal vialetto alberato della proprietà e devo dire che anche io lo sono, perché mi sento splendidamente stupito di me, per come vivo adesso. Trovo meraviglioso potermi dedicare interamente allo sviluppo di ciò che giunge dalla mia Ispirazione.

Intanto ho mostrato a qualcuno la bozza del mio romanzo e arrivano i primi feedback. Sono molto positivi e mi fanno capire meglio l'importanza della struttura del testo. A fronte di consigli rivedo alcune parti, con una piccola aggiunta che meglio accompagna il lettore nella conclusione e nello stato d'animo di quello che chiamerei il primo volume della trilogia, visto che a giorni comincerò la stesura del secondo.

Sento parlare anche della possibilità di farlo diventare un film, un'idea alla quale ho pensato da questa estate, ma ascoltarla anche da altri costituisce uno sprone in più. Mi piacerebbe interpretare me stesso, così come avvenne per *La Storia di Lorenzo e di (della sua) Anima* a teatro.

Sto anche lavorando alla copertina e dopo un'iniziale prova che mi vedeva ritratto in cammino sul sentiero di SanGi, con un giubbotto in spalla e un'espressione leggermente pensierosa, dietro consiglio di Helen ho deciso di utilizzare l'immagine presa dal nostro matrimonio, che mi immortala con il volto beato e luminoso. Questa scelta non é scontata e dà una chiave di lettura nuova, qualcosa che ha a che vedere più con ottimismo e fiducia, piuttosto che impegno e sforzo. In effetti la prima foto che avevo scelto sembrava dire: "É impegnativo, ma tengo duro", risentendo molto di un momento dove le cose sembravano farsi difficili. Con questo non voglio dire che non ci siano stati momenti impegnativi, ma la lettura complessiva é più positiva, poiché sta al passo con l'evoluzione delle mie preferenze. Questa attitudine tende a valutare l'esperienza nella sua complessità, ed é davvero preziosa. Tra l'altro il tono che il libro sta esprimendo é gioioso e la seconda foto é totalmente in linea con questo tipo di sentimento. Successivamente ci sarà un'ulteriore evoluzione nella copertina, che mi porterà a scegliere una foto emblematica del viaggio nel deserto dell'Outback australiano, dove ho vissuto un momento fondamentale che ha dato una direzione ben precisa, direi di svolta, alla mia vita: la scintilla che ha illuminato le scelte successive.

14. GRANDE PACE

Oggi è arrivata una proposta editoriale per il libro *Ispirazione, la via illuminata per far volare i desideri*, il manuale che in un certo senso affianca il romanzo, dato che propone processi di evoluzione, che nel romanzo vivo in prima persona. La casa editrice in questione ha scritto che il manuale è piaciuto molto. Gli editori hanno definito il libro molto utile per l'evoluzione della coscienza personale e sono interessati a pubblicarlo. Mi hanno inviato anche il contratto da firmare. Questa notizia, neanche a dirlo, mi dà slancio e mi aiuta a comprendere meglio la mia dimensione di autore.

Sto vivendo ciò che desidero, come avevo immaginato prima che il viaggio partisse.

A quel tempo, molte erano le volte che mi fermavo a pensare, dicendomi che avrei voluto restarmene a riflettere, scrivere, prepararmi per aiutare le persone.

Ora ci sono e parlarne mi commuove.

Capitolo 15

UN'ATTITUDINE

Autunno. Con delle piccole candele poste sul davanzale, stamani ammiro l'alba avvolta nella nebbia: il panorama dei boschi color verde rame lentamente si mostra e assume un senso mistico.

Mi siedo alla scrivania per ascoltare musica classica in cuffia: un violino infonde una poesia senza tempo.

Osservo la flebile luce di una candelina, l'ultima rimasta accesa. Intorno a lei, un piccolo insetto mi appare come ingigantito, lo guardo mentre gira intorno al lume della candela, poi si ribalta. Che buffo!

La sala dove mi trovo é già stata testimone di incontri al caminetto e tavole imbandite al ritorno da passeggiate nel bosco in cerca di funghi. Abbiamo conosciuto alcuni colleghi locali e ieri sera, recandoci a casa di una di loro per le Danze Sacre, nel tragitto in auto ho inserito il CD del coro di Oslo che un'altra amica, sempre conosciuta qui a Città della Pieve, ci ha fatto ascoltare a casa sua. Un pomeriggio ci trovavamo da lei e ad un certo punto, dopo aver parlato di spiritualità, lei esordisce:

— Vi andrebbe di ascoltare un coro che a me piace molto?

— Si. — rispondo incuriosito. Le melodie delle voci iniziano a diffondersi nella stanza. Io guardo fuori e ammirando la campagna sento che riflette proprio la sensazione che provo in questo luogo: un'immensa pace.

Così, raggiungendo il luogo delle Danze Sacre attraverso colline, campi arati e case coloniche, mi arriva forte l'emozione del desiderio che mi ha spinto fin qui: espansione.

Guardo fuori, la nebbia si é dissolta ed é una bella giornata. Ho bisogno di uscire. Decido: vado in un paesino non troppo distante da qui.

In auto rifletto: "La mia parte del nuovo libro *Illumina la tua Vita* é conclusa. Helen revisionerà tutto incastrando le mie parti con le sue. Poi ci saranno da fare le immagini prese dai bozzetti del mio manuale *Ispirazione*. Il da fare non manca, tuttavia dovendoci ancora assestare con il nostro lavoro, talvolta risulta un po' difficile affrontare il quotidiano".

Ho compreso meglio in questi giorni quanto la sicurezza sia importante per Helen. Il cambio di vita vissuto da SanGi in poi é stato grande e a tratti si riaffaccia in lei un po' di timore:

— Scusami Lore. — mi chiede — Ma era proprio necessario prendere tutte quelle decisioni così rischiose e repentine, che ci hanno portato dove siamo adesso?

Io come al solito prendo le decisioni con slancio ed entusiasmo, una scena già vista. C'è una similarità con il mio primo matrimonio quando uscii dall'azienda familiare per andare a lavorare al Comune di Pistoia. Non fu una decisione certo rischiosa quella, anzi fu molto ponderata, ma dopo mi resi conto che questa scelta non soddisfava, come credevo, la mia ex moglie.

Differenti storie e simili risultati, con un mio modo di approcciarmi alle scelte che guarda sempre al desiderio con grande entusiasmo.

Nel caso del mio primo matrimonio sentivo che non potevo più rimanere nell'albergo ristorante di famiglia, volevo un lavoro che mi garantisse più tempo libero, una scelta che veniva vista come mancanza di ambizione e guadagno inferiore, un'evidenza che avrei potuto colmare con qualche lavoro extra, che purtroppo non mi riusciva, un po' perché era contrario alla motivazione di avere più tempo non solo per me, ma anche per la coppia, cosa che mi aveva fatto prendere quella decisione, tanto che se ne complimentò anche il prete del paese della mia ex moglie; ma anche perché ero intimorito dal farlo, pensando che se avessi fatto qualche extra come il catering e avessi fallito, ciò avrebbe finito per incidere negativamente sulla mia relazione di allora, cosa che avvenne comunque, anzi fu incrementata da questa mia *mancanza di iniziativa o senso del dovere*. Con il senno di poi, il concorso che vinsi al Comune di Pistoia si rivelò eccellente sotto altri punti di vista. Quando il mio primo matrimonio finì, io lavoravo già a Pistoia e l'andarci a vivere fu un'esperienza straordinaria. Non fu quindi infondata quella gioia che provai alla notizia della mia vittoria del concorso, solo che non era da collegarsi alla mia vicenda matrimoniale, destinata comunque a concludersi.

Con il tempo ho considerato un aiuto il fatto che tutta la mia vita si fosse indirizzata a Pistoia, perché già vi lavoravo ed era anche vicina al mio paese di origine, alla famiglia e agli amici.

Pur avendo partecipato ad un concorso nella provincia di Firenze, terra da cui la mia ex-moglie proveniva e ritornò dopo la nostra separazione, guarda caso non lo vinsi, anzi non superai nemmeno le prime prove e l'idea di trasferirmi nella zona fiorentina, che avevamo in mente con la mia ex moglie, fallì sul nascere.

C'era altro per me e non potevo immaginare cosa fosse, ma di certo era correlato alla sensazione di un qualcosa di nuovo che si affacciava timidamente in me, che oggi meglio collego all'Ispirazione, come un filo conduttore da leggere attentamente per considerare in prospettiva i vari sviluppi della vita.

Con la rottura del mio primo matrimonio andò in frantumi il senso di un vivere precostituito che viaggia su binari fissi e fu da lì che incominciai a vivere diversamente, a non seguire più un qualcosa di programmato: le aspettative della società. Mi ritrovai come a saltare giù da un treno atterrando in un posto sconosciuto, ma sentendomi sereno e all'inizio di una nuova vita.

La mia maniera di vivere lo scorrere del tempo mutò da una sensazione indefinita prima ad una evolutiva e di sincronicità poi, sviluppando un approccio fiducioso nel presente e confidando in un qualcosa di alleato, che oggi ho scoperto essere l'Energia di Amore e Benessere. Tutto ciò è diventato la mia nuova attitudine per andare incontro alla vita e ai desideri del cuore.

Arrivo al paesino: l'aria é mite, c'è silenzio e molta tranquillità. All'improvviso, un profumo nella strada mi conduce fino al bar oltre la piazza, facendomi fare un piccolo tour del paese. La barista, una donna sulla trentina, servendomi la colazione mi parla dei sogni che un tempo popolavano il suo cuore e quello di suo marito, che purtroppo sono sfumati nel nulla:

— Forse lui ha ancora in testa quei nostri sogni, ma ormai non ne parla più. Si é chiuso. Forse si è arreso. — ammette con rassegnazione.

Una parte di me si ritrova nelle parole espresse dalla donna, talvolta mi é capitato di mettere in dubbio la pubblicazione del mio romanzo, definendolo ridicolo ed inutile. Poi nella chiacchierata con la barista sembro aver ritrovato lo scopo, perché mi ha dato dispiacere ascoltare le sue parole colme di rassegnazione, davvero triste sentire qualcuno rinunciare ai propri sogni. Nei momenti in cui mi sento bene apprezzo le mie scelte e ciò che ne é scaturito, ne sono estremamente felice e questo mi fa capire quanto siano importanti per me. Comprendo davvero che la soddisfazione arriva solo dal procedere nella direzione dei propri desideri. Il marito della barista infatti si é chiuso in se stesso solo per aver abbandonato l'idea dei suoi sogni.

Ritorno a casa con rinnovata fiducia e quando arrivo al casale un camion sta giungendo nella nostra stradina: é arrivata la legna da ardere, che emozione!

Servendosi di un carrello elevatore, il fornitore ci piazza un bel bancale di tronchi tagliati a misura per il caminetto in giardino. É una bella scorta e mi sembra voglia dire: bene, l'inverno é alle porte, il calore é assicurato, sotto con il lavoro.

Tutto é in divenire e questo rende la situazione tanto eccitante quanto trepidante.

Capitolo 16

UN TENERO SORRISO

É arrivata la neve, ma il fuoco che arde nel caminetto, così come le emozioni che provo nel vedere i disegni che Helen sta perfezionando per il libro *Ispirazione, la via illuminata per far volare i desideri*, scaldano il mio cuore.

Il sentimento provato a bordo della mongolfiera, con la quale Helen ed io abbiamo volato qualche anno fa sopra il castello, prende forma, colore e parole, per far decollare le aspirazioni delle persone che si avvarranno degli strumenti e delle metafore usate nel libro. Cos'altro può esserci di meglio?

Osservando le immagini della mongolfiera, risento tutta quella voglia di viaggio ed espansione, ora più chiare che mai, che sento essere in continua evoluzione, dove gli unici limiti sono soltanto autoimposti semmai, come a non riconoscere la bellezza e l'importanza dei propri desideri, come forma di espressione d'amore e di benessere.

Osservo Helen che con le matite colorate in mano rifinisce alcuni bozzetti con profonda dedizione. Penso che é fantastico avere il libro illustrato da lei, questa collaborazione non é scontata, come pure il condurre i seminari insieme, dato che le nostre caratteristiche sono tutto sommato differenti. C'é qualcosa all'interno della nostra esperienza che riguarda molto l'appoggiare l'altro nelle sue ispirazioni. In questo momento sento che é più Helen ad aver avallato le mie scelte, ma se verrà il mio momento voglio essere in grado di poter fare lo stesso per lei.

Per ora l'Ispirazione che ha dato il via a tutto sta procedendo davvero bene, anche se con tutte queste idee da sviluppare, siamo molto impegnati nella parte creativa. Pur avendo iniziato a condurre dei seminari, non possiamo dire di aver raggiunto ancora una stabilità economica e questo mi fa un certo effetto.

A cena, qualche sera fa con amici, alcune differenze tra me e loro sono state un duro paragone da sostenere: molti di essi hanno un buon lavoro, una casa propria e hanno iniziato a farsi una famiglia. Tutte cose che desideriamo sia io che Helen. Per non parlare poi del nostro Centro per l'Evoluzione dell'Essere.

Così ho deciso che a Gennaio comincerò a cercarmi un lavoro come cuoco, per garantire una base economica fissa, sia per contribuire al progetto che alla nostra serenità.

Ieri tra l'altro mi sono svegliato ricordando alcune immagini e sensazioni di un sogno: Helen ed io eravamo sulla spiaggia in Australia, c'erano anche balene e delfini e stavamo molto bene. Questo sogno mi ha lasciato belle emozioni, ho come percepito una serenità, una facilità nel fare le cose, un vivere più rilassato.

Adesso mi viene da dire che in Australia rifarei anche il cuoco. Oltre ad essere una piacevole sensazione, mi fa vedere il tornare a lavorare in cucina come qualcosa di possibile ed in un certo senso mi aiuta, perché non vorrei staccarmi dal trend di vita di adesso, mi piacerebbe continuare a dedicarmi continuamente e solamente al nostro progetto, anche se un sostentamento in più farebbe bene.

L'anno nuovo é arrivato ed é già pieno di belle novità: sia io che Helen abbiamo firmato a distanza di poco tempo i contratti per i nostri primi due libri!

Questo ci da' grande slancio, perché la dimostrazione che due editori ci hanno dato fiducia é un bel traguardo e al tempo stesso una partenza.

Così, più che mai carico di entusiasmo, penso di mettermi sotto con il mio primo romanzo autobiografico per concluderlo. Adesso che siamo ancora in inverno, é più che mai facile andare a letto presto, per avere la certezza di svegliarmi di buon'ora. Ho già riscontrato dai tempi che vivevamo a SanGi, che le idee migliori arrivano al mattino presto, proprio come recita il detto: "Il mattino ha l'oro in bocca".

L'Ispirazione consiste nel contatto con la Parte o Essere Interiore che rimane focalizzata nella dimensione Non Fisica.

Dal momento che nella notte la coscienza torna alla Fonte di Luce da cui proveniamo, appena svegli, se non iniziamo subito a produrre pensieri non in linea con chi siamo veramente, rimaniamo in contatto con la Dimensione Non Fisica. Così permettiamo alle idee che ci arrivano dall'Essere Interiore, che io chiamo Ispirazione, di fluire più facilmente.

Così stamani alle cinque sono già sveglio. Quatto quatto, nel buio generale della casa, mi alzo piano per non svegliare Helen e mi reco in cucina al grande tavolo munito di fogli, penne e matite colorate. Sono molti infatti i concetti che si sviluppano prima nei bozzetti e che poi vengono trasferiti nei libri.

Mi aspetto di lavorare al romanzo, ricevendo dall'Ispirazione qualche bel concetto da espandere in tutta la giornata.

Mi chino sul foglio e immediatamente mi viene da impugnare una matita, inizio a disegnare qualcosa che non mi aspetto…

Prima un rettangolo somigliante a una cesta che coloro di arancione; poi aggiungo due strisce longitudinali simili a corde che coloro di celeste e sopra di esse un cerchio che coloro di rosa come un viso; due schizzi alla sua sommità come ciuffi di capelli, due semplici tratti che ne delineano gli occhi e un altro che fa apparire un tenero sorriso. Alla fine, scrivo un nome alla base dell'immagine realizzata: *Palloncino*.

É una piccola mongolfiera, tenera e amorosa. Mi sembra sia apparso mio figlio, é una sensazione incredibile. Riparto quasi subito a disegnare: compaiono una mongolfiera babbo con un fiocchino, una mamma mongolfiera con una collana e altre piccole mongolfiere; poi due nuvole, una rosa e una celeste, che chiamo rispettivamente Nuvolina e Nuvolino; due alberi con accanto due fiori sorridenti ed il Sole e la Luna contornati di Stelle. Alla base di tutto scrivo: I Viaggi della Famiglia. Viene fuori un po' l'intimo desiderio che ho con Helen di famiglia, che per il momento sembro sublimare nel disegno.

L'Ispirazione non sembra fermarsi qui e mentre mi chiedo: "Cosa ci faccio con questi personaggi?" mi viene di prendere immediatamente un pacco di fogli A4 e mettendoli davanti a me in senso orizzontale, inizio a scrivere una storia. Il processo é fluido, continuo, fantastico, proprio la magnifica sensazione che é capace di dare l'Ispirazione: un piacere sublime.

Divido ogni foglio in due sezioni con la matita: riservo a sinistra la parte dedicata alle parole della storia, mentre a destra quella per le immagini. Nel giro di mezz'ora il processo di scrittura si conclude e mi ritrovo tra le mani il primo episodio, nel quale hanno fatto la loro comparsa i genitori di Palloncino: Pallababbo e Pallamamma. Nella storia si narra del volo che compiono verso il Sole per parlargli del desiderio che li rende felici: avere una piccola mongolfiera, Palloncino, per formare una bella famiglia e volare insieme nei Cieli delle Possibilità. Il Sole, che é la Fonte di Luce di cui sono fatti i cuori delle mongolfiere, chiaramente acconsente alla richiesta e un bel mattino Palloncino fa la sua comparsa nel Giardino delle Meraviglie, il luogo dove avvengono cose straordinarie: i desideri si avverano.

Pallababbo e Pallamamma, nell'accogliere la piccola mongolfiera, rammentano a Palloncino la sua provenienza:

— Palloncino tu vieni dalla Luce e sei fatto di Luce, ricorda che la tua essenza é amore, gioia e libertà.

É qualcosa di meraviglioso, mi sembra proprio che Palloncino sia stato partorito da quella Mongolfiera con la quale io ed Helen abbiamo preso il volo, non solo per un'avventura, ma per iniziare un viaggio ben più consistente e significativo. Già ero felice per il libro *Ispirazione* che utilizza la metafora della mongolfiera, ma addirittura un libro illustrato per bambini con una piccola mongolfiera lo trovo sensazionale! É un'opera dedicata ai più piccoli, per ricordare loro la natura straordinaria di esseri vibrazionali e delle fantastiche possibilità a disposizione.

— A che ora ti sei svegliato Lore? — domanda Helen entrando nella sala per fare meditazione.

— Abbastanza presto… — rispondo ermetico, ma esprimendomi con un grande sorriso.

— Qualche nuova idea? — chiede Helen ignara di quello che sto per dirle.

— Guarda qui… — le dico mostrandole felice il primo disegno — Stamani di buon'ora é arrivato lui: si chiama Palloncino — le annuncio entusiasta.

— É una mongolfiera? — chiede con un pizzico di sana ironia.

— Si lo so, non ti preoccupare, questa é solo la bozza, la versione ufficiale la potrai fare tu. — affermo, sapendo che Helen si riferiva al mio bozzetto un pò da rivedere.

Helen si mette subito a fare una prova di Palloncino con le sue matite e viene fuori una versione molto migliorata del soggetto:

— Brava amore! — le dico congratulandomi con lei.

— Dovrò usare qualcosa per disegnare la testa in maniera precisa. — dice Helen sorpresa di quello che l'Ispirazione ha portato stamani.

— Va benissimo amore, già questi pochi tratti fanno trasparire tutta la tua dolcezza. — le confesso fantasticando sulla versione finale.

Le sorprese continuano. Dopo il primo episodio ne arriva un altro, poi un altro e un altro ancora e continuano fino a raggiungere un totale di 33 storie. Quasi ogni mattina mi sveglio di buon'ora e così come mi é successo la prima volta, scrivo una nuova storia. L'Ispirazione fluisce in modo fantastico, praticamente tutti gli episodi che vengono fuori sono della stessa lunghezza di pagine, é come un format precostituito che ha ormai assunto la dimensione di una collana di libri per bambini, che decido di intitolare *I Viaggi di Palloncino*.

Intanto dall'editore con il quale ho firmato il contratto per il libro *Ispirazione*, comprendo meglio quali sono le specifiche che devono avere le illustrazioni per la stampa a colori e così mi viene in mente di utilizzare un programma grafico ed una modalità per elaborare i disegni che Helen farà di Palloncino, trasportando i bozzetti in immagini che potranno andare in stampa con una migliore definizione. Parte così un laboratorio vero e proprio, dove Helen ridefinisce le varie scene ed i personaggi di Palloncino via via che io sforno nuovi episodi. Poi, servendomi di uno scanner, faccio una scansione di tutte quelle immagini e le immetto nel software di grafica per colorarli e comporre le scene.

É un lavoro strabiliante, durante il quale mi arrivano le idee per nuovi episodi da sviluppare, che per il momento decido di tenere per il futuro, ma danno la misura di un qualcosa che inizia a concretizzarsi, la base per un modello di educazione.

16. UN TENERO SORRISO

Così ripenso al consiglio che la donna in contatto con le Guide Spirituali, o Ispirazione, aveva dato a mia madre: "Le suggerisco un libro sull'educazione da far leggere a suo figlio maggiore". Al tempo ero rimasto stupito dell'esistenza di un'alternativa alle istituzioni classiche, ora sono piacevolmente sorpreso che possiamo essere io ed Helen i creatori di una nuova visione educativa.

La lettura di quell'opera sull'educazione aveva contribuito alla mia Ispirazione. Il supporto della Fonte di Energia Pura e Positiva da cui proveniamo aveva già fatto in modo di contattarmi, anche in tempi in cui non poteva farlo direttamente con me.

Verso il bosco, nel sole appena nato, l'eco degli abbai di Luna riecheggiano tutt'intorno.

Guardo quella Luce che sta ispirando le mie parole e sono colmo di infinito apprezzamento.

Capitolo 17

NAYA

Il grande lavoro per la produzione di Palloncino ci fa arrivare dritti all'estate. Siamo felici perché siamo riusciti a preparare almeno dieci episodi pronti per la stampa e un editore di Roma sembra intenzionato a pubblicare i primi numeri.

Inoltre, ben presto verranno pubblicati i nostri primi libri, con Helen che si recherà a Milano per presentare la sua prima opera, *Spirale delle emozioni*.

La sensazione di amore che avevo provato nel venire a vivere qui in Umbria é stata ampiamente confermata, tanto che stiamo pensando di fermarci per un altro anno.

Abbiamo addirittura fatto una piantina del Centro formato gigante e l'abbiamo attaccata all'armadio in camera, proprio di fronte al letto. Tutte le nostre idee confluiranno nel Centro.

Intanto all'orizzonte si profila un nuovo *incontro speciale* con una di quelle persone che sono in grado di contattare il Piano Non Fisico, per ricevere dalle Guide Spirituali consigli o chiarimenti in un momento importante.

Helen ha già avuto un incontro con questa donna ed io lo avrò oggi. Devo ammettere che nonostante sia affascinato da questo tipo di esperienze, una certa riluttanza sorge sempre in me quando si prospetta un simile colloquio. Questo perché ho un po' il timore di ricevere notizie alle quali non sono preparato o magari di venire a conoscenza di qualcosa che mi ferisca, perché sono stato sciocco a non pensarlo e potevo arrivarci anche da me. Ma i supporti delle

Guide non hanno niente che ricordi il giudizio e soprattutto esse rispondono solo alle domande che gli vengono poste, per aggiungere il pezzetto di spiegazione che manca a chi richiede l'incontro.

La persona con cui avrò la lettura si chiama Naya e la cosa curiosa é che sono stato io a trovarla.

É avvenuto nel viaggio di nozze in Australia, durante una sosta in un villaggio. Entrando in un negozio di oggetti olistici fornito di cristalli, carte dei tarocchi e libri del settore, sono stato richiamato da una rivista in un cesto. Ho preso a sfogliare il giornale che riportava molti articoli e tra le tante inserzioni pubblicate, sono stato attratto da quella di Naya. Lì per lì l'ho mostrato ad Helen, come se soltanto lei potesse esserne interessata e per fortuna ha deciso di tenerlo.

Nel panorama di questo tipo di consultazioni spirituali, le specialità offerte sono varie: astrologi, numerologi, iridologi e così via. Persone specializzate in una certa disciplina che aiutano l'individuo nel loro percorso di vita. Alcuni di loro hanno acquistato una certa sensibilità e capacità a collegarsi alle Guide Spirituali e questo aggiunge qualcosa in più.

Naya al primo appuntamento con un cliente compie una speciale lettura dell'aura o campo energetico, descrivendone i colori e il loro significato, collegato a precisi scopi di vita. É in grado di fornire la descrizione di quelli che lei definisce *Ostacoli/ Opportunità di apprendimento*, ovvero stati d'animo e situazioni che la persona si ritrova ad affrontare durante il corso della sua vita, scelte insieme alle sue Guide per compiere un percorso evolutivo.

L'incontro avviene in un giorno contrassegnato da un numero a me caro: l'otto. Mi collego con Naya dal computer, alla presenza di

Helen che si é offerta come supporto per la traduzione dall'inglese. La conversazione procede bene, è divertente e sia noi che Naya facciamo battute e ridiamo molto. Naya procede immediatamente con la sua analisi dei colori dell'aura e poi elenca la lista degli ostacoli/opportunità di apprendimento. Il tempo a nostra disposizione non é molto, circa mezz'ora, la quantità di informazioni é notevole e precisa, Naya riesce anche a rispondere alle domande che le avevo inviato giorni fa. Alla fine sono molto soddisfatto.

Sento che il contributo di Naya mi é di grande aiuto, avendo fatto una panoramica sull'intera esistenza di questa mia nuova identità di autore. É come una road map, una mappa da verificare lungo il cammino dell'esistenza. Questo perché alcune esperienze possono essere non subito chiare e quindi avere questo riferimento é un supporto in più, intrecciando tra loro gli aspetti di natura psicologica ed emotiva, che si fondono nel connubio tra Prospettiva Fisica e Non Fisica.

I temi che Naya ha toccato mi risuonano molto, come l'argomento del denaro, la tendenza a sentirmi diverso e non accettato, la mia naturale predisposizione ad essere un insegnante e l'obiettivo del Centro che ho in comune con Helen. Sono tutti argomenti che ho iniziato a sviluppare e che si stanno evolvendo meravigliosamente, é solo che ogni tanto tendo a giudicarmi, poiché la vita che sto conducendo adesso si differenzia molto da quella condotta fino a un paio di anni fa, decisamente in stile più convenzionale.

Le Guide, attraverso Naya, affermano che tutto sta andando bene e che il continuare a vedermi nella vecchia modalità rischia di gettare su di me un'enorme e inutile pressione. Soprattutto mi ricordano che sono venuto qui per vivere una vita *non ordinaria*. Queste parole mi toccano in profondità poiché sembrano le uniche

proferite da chi mi comprende. Poi mi parlano di un altro aspetto della mia lista di *ostacoli/opportunità di apprendimento* e ne resto sorpreso: trasferirsi all'estero, per sempre.
Faccio difficoltà a collocarlo nella mia vita di adesso, però ricordo di aver detto ad Helen, alla fine del viaggio di nozze, che un giorno avrei pensato all'ipotesi di tornare in Australia. Quindi ha senso, ma come e quando questo possa avvenire non lo so ancora.

Capitolo 18

CARRI COLORATI

— Lore pensi di riuscire a staccare quelle decorazioni salendo più in alto? — chiede Helen incitandomi a salire fino all'ultimo gradino della scala.

— Penso di si, puliamo proprio tutto! — rispondo rendendomi conto della grandezza dell'opera generale.

Rimanere a Città della Pieve almeno un altro anno ci appare la decisione migliore e così sono partite le grandi pulizie. Ogni angolo della casa, ogni oggetto, rubinetto o maniglia, viene opportunamente passato al vaglio dell'aspiratore o di un detergente. Fa un bell'effetto prendersi così cura di questa casa, aiuta a sentirla ancora più nostra, in un certo senso. Dopo aver lasciato SanGi, questa abitazione può definirsi una degna erede.

— Fate buon viaggio! — dal portico della casa salutiamo familiari e amici, che dopo essere stati a pranzo da noi si riavviano verso casa.

É domenica pomeriggio. Tutto é quieto. Con Helen ci accomodiamo sulle poltrone in sala.

— Abbiamo fatto proprio un bel lavoro Helen. — esordisco, riferendomi alle pulizie approfondite svolte da non molto.

— Si, ce n'era bisogno. — aggiunge lei.

— Le pulizie annuali. — commento, come per provare soddisfazione del nostro atto, che si collega alla decisione di rimanere a vivere ancora qui. Ma al posto di sentirmi soddisfatto, un'altra emozione sembra farsi largo in me. Rimango fermo a pensare ed é un pensiero tanto grande che mi sembra si possa sentire nel silenzio di questo pomeriggio. Ascolto meglio quello che provo: riconosco la sensazione, é l'Ispirazione. Non oso ammetterla, ma devo comunicarlo ad Helen:

— Mi sento diverso oggi, voglio dire ora. — le dico come per farle capire che non posso fare altrimenti.

— Ti riferisci a qui? Allo stare qui?

— Si, mi sembra che non ci sia altro per noi: anche tu lo provi? — Le chiedo leggermente sollevato, perché mi sembra che anche Helen stia vivendo emozioni simili alle mie.

— Si, mi sembra di non sentire più quello che provavo prima — commenta.

— É come se il tempo qui si fosse concluso. — dichiaro.

— Dobbiamo dirlo a Zoe. — afferma Helen.

— Dovrei dirglielo oggi stesso, ma…

— Dovremmo sapere prima dove andare. — aggiunge Helen finendo la mia frase.

— Infatti. — ammetto con il tono di chi attende una buona idea. Quello che a SanGi é avvenuto in qualche mese, ora sta accadendo in un pomeriggio. Prima avverto Zoe, prima lei può trovare un nuovo inquilino. Potrei prendere più tempo, ma il nostro contratto scade tra soli tre giorni! Accade tutto in fretta, però sento che é la cosa giusta e ad un tratto mi arriva l'idea:

— La casa al mare che i miei genitori usano solo un mese all'anno d'estate, adesso é libera. Li chiamo per capire se possiamo andare a vivere lì per il momento, poi vediamo. — dichiaro fiducioso. Quando ormai pensavo che il colpo di scena non sarebbe più avvenuto, eccolo che compare all'improvviso ed é anche bello grosso.

I miei genitori sono chiaramente molto sorpresi dalla mia notizia, ma decidono di venirmi incontro ed io corro subito ad informare Zoe, la quale naturalmente rimane esterrefatta. Pensare che le avevo detto più volte nelle ultime settimane che volevo firmare il nuovo contratto e lei mi aveva risposto che era meglio aspettare. Mi appare partecipe, suo malgrado, della nuova situazione che si sta delineando. É quello che in gergo dell'Ispirazione si può definire un *componente cooperativo,* quando uno o più aspetti di un'esperienza collaborano, affinché una situazione si svolga al meglio.

Non mi sembra vero: mi trovavo lì in quella atmosfera rilassata domenicale ed ecco che arriva l'Ispirazione che rimette tutto in movimento. Mi é dispiaciuto aver scosso le persone con la mia notizia, ma sento anche che qualcosa accende in me una gioia nuova.

Infatti, il mattino dopo, sono subito in strada verso il supermercato locale a ricercare degli scatoloni per il trasloco e tornando verso il casale metto lo stereo a tutto volume! Mi sento molto felice.

La mia famiglia ci dà un grosso aiuto con il trasferimento e in un batter d'occhio ci ritroviamo nella casa situata nella famosa località balneare di Viareggio, in provincia di Lucca.

Il cambio di località é notevole, ma allo stesso tempo stimolante: Helen é molto amante del mare ed io, che da piccolo venivo in queste zone per le vacanze estive con i nonni, vi ritrovo una parte di me e ne sono felice.

La stagione estiva é terminata, gli stabilimenti balneari hanno chiuso i battenti e ombrelloni e sdrai sono stati riposti in vista dell'anno successivo. La stupenda spiaggia si mostra in tutta la sua ampiezza e con il sole che ogni giorno continua ancora a splendere, facciamo delle stupende camminate in compagnia di Luna, che corre libera sulla sabbia.

Il vento autunnale ci fa spesso compagnia ed io mi sento come un aquilone, che un giorno o l'altro prenderà il volo da questa spiaggia.

Helen intanto si prepara a partire per Milano, dove si terrà la presentazione del suo primo libro *Spirale delle Emozioni* ed anche io mi sto organizzando per presentare *Ispirazione, la via illuminata per far volare i desideri.*

Tutto ciò che abbiamo cominciato a SanGi e proseguito a Città della Pieve, ci ha seguiti fin qui. L'Ispirazione continua a sorprendermi e fluire meravigliosa. Adesso sto ricevendo idee per un nuovo tipo di libro *Scintille dell'Anima, Racconti d'ispirazione,* una raccolta di storie con vari personaggi.

Inoltre prende forma il nostro logo ed incido due audio: uno che chiamo *La telefonata,* una conversazione con la propria Parte di Luce, ed una meditazione guidata dal titolo *Saggezza Interiore.*

L'editore di Roma, che si era fatto avanti per pubblicare Palloncino, esce di scena, ma al suo posto ne arriva un altro di queste parti che é molto entusiasta del progetto. Ha la possibilità di far arrivare la collana di episodi ad un circuito scolastico, ma si rende conto che *I Viaggi di Palloncino* é una serie molto innovativa e vuole parlarne insieme a noi.

L'uomo si presenta a casa nostra con un plico di fogli formato A4: si é stampato gli episodi che gli abbiamo inviato per la valutazione.

— Scusate se mi presento così, ma almeno é stato più facile leggere Palloncino e potermi rendere conto del suo contenuto. — ci dice accomodandosi in sala.

— Certo, ha fatto benissimo. — gli rispondiamo in coro io ed

18. CARRI COLORATI

Helen.

L'editore é molto cortese e notiamo che ha a cuore Palloncino.

— Bene... — inizia a parlare l'uomo, prendendo un gran respiro. Ci fa una panoramica della sua casa editrice e ci illustra i suoi contatti. É molto preciso e accurato, ma c'é una vena di dispiacere in lui. Ho la sensazione che voglia in ogni modo trovare la possibilità di pubblicare Palloncino, ma si interroga sulla portata della sua novità e forse conosce già la risposta.

— Vedete questo libretto... — ci dice mostrandoci una piccola opera illustrata per bambini — L'ho pubblicato all'inizio dell'anno e sono molto contento perché sto vedendo che piace. É un concetto semplice, che alla fine propone un piccolo gioco per ricordare la storia.

— Si é molto carino. — commentiamo con piacere.

— Vi ringrazio, quello che voglio dire é che mi chiedo se Palloncino contenga messaggi troppo complessi, intendo dire per l'audience in cui lo introdurrei. — dice l'uomo con tono garbato, attento a non ferirci. Poi aggiunge:

— Penso di aver compreso alcuni dei temi proposti, come chiedersi chi si é, cosa si vuole e come proseguire in tal senso. Hanno acceso riflessioni in me, fino al punto che potrebbero essere i bambini a porsi o porre domande. — dice l'editore nel suo complesso discorso introduttivo, ma che ben inquadra la situazione.

— Tipo? — chiedo curioso e desideroso di rispondere.

— Se un bambino chiedesse: "Non ho voglia di andare a scuola" cosa potremmo dirgli?

— Ogni qualvolta un bambino — mi accingo a rispondere — Così come un adulto, esprime un desiderio, é bene comprendere se questa sua volontà é partita da uno spazio di presenza o mancanza.

Questo é importante, poiché nel primo caso il desiderio poggia su qualcosa di solido e profondo, che sarebbe bene esplorare; nella seconda ipotesi invece avviene il contrario e l'individuo si trova a vivere la mancanza di qualcosa che vuole e cerca di compensare come può, per rimediare ad uno stato interiore non piacevole. — concludo.

— Capisco. — dice l'uomo guardandoci negli occhi e pronunciandosi in un gran sorriso, felice di questa nostra conversazione.

Con la sua domanda ha proprio centrato un punto importante: la possibilità di comprendere e seguire ciò che si desidera.

Non a caso, Helen ha iniziato la stesura del nostro nuovo libro dal titolo *Rainbow Light School, Educazione di Luce per una scuola ispirata dai Desideri del Cuore*. E' un nuovo paradigma educativo per genitori, educatori e insegnanti che risuonano con le Leggi Universali, la Fisica Quantistica e che desiderano un'educazione che tratti delle relazioni, della gioia e dell'amore come chiavi essenziali per lo sviluppo evolutivo dei bambini.

Qui a Viareggio mi sento bene e naturalmente viene da chiedermi se potremo restare a vivere qui. Dentro di me sento che questo é possibile e decido di parlarne ad Helen durante una passeggiata, nella splendida pineta poco distante da casa.

— Io qui mi sento bene Helen e sto pensando che potremo stabilirci. Posso trovarmi un lavoro e potremo pensare più seriamente a farci una famiglia. Che ne pensi?

— Penso che mi fa piacere, anche io lo vorrei, ma forse, con tutti i libri da lanciare, mi appare prematuro. Mi piacerebbe prima essere più stabile con il nostro lavoro.

— Nonostante tutta la mia passione per il nostro progetto, sento che non può prevaricare la nostra famiglia. — rispondo.

— Ti capisco. A me comunque non fa un bell'effetto rimanere qui, mi sembra di privarmi di qualcosa che può farmi più felice, che é quello che voglio veramente.

— Che sarebbe… — quasi non voglio ammetterlo, ma so a cosa Helen si riferisce.

— L'Australia. Là mi sono sentita veramente a casa.

Helen ha appena espresso la sua Ispirazione ed io sento che la mia idea di rimanere qui é pallida in confronto alla sua, accesa da qualcosa di più grande che é avvenuto proprio durante il nostro viaggio di nozze, dove io le avevo promesso che un giorno saremmo potuti andare a vivere in Australia.

I carri colorati del carnevale di Viareggio sfilano per le vie del lungomare. Centinaia di persone mascherate animano la manifestazione a suon di musica e danze.

Il carro che sfila davanti a noi é particolarmente bello: colori sgargianti sul viola, un enorme testa di drago sembra risvegliare una forza interiore. Dalle casse esce la voce di una canzone che parla di un amore che sembra essere proibito. I ballerini mascherati iniziano una lenta danza appassionata, come per abbracciare l'anima. Io sono totalmente rapito da tanta bellezza, la musica e le parole mi incantano, perché sembra che mi parlino. Mi volto verso Helen e mi accorgo che sta trattenendo le lacrime. Lì per lì penso che é commossa come me per la performance del carro.

Solo in un secondo momento capisco: sta trattenendo il sentimento che il parlare dell'Australia le ha suscitato e che l'emozione della musica proveniente dal carro le ha evocato.

Capitolo 19

BAVARESE

— Buongiorno, come dice? — chiedo alla voce che mi sta chiamando al cellulare. Non sento molto bene e stringo gli occhi nell'atto di concentrarmi per sentire meglio — Si, sono io Lorenzo Sbrinci, l'autore del romanzo. — rispondo un po' sommesso, perché non ho ancora capito con chi sto parlando.

L'interlocutore si presenta:

— Sono l'editrice a cui ha spedito il suo romanzo, non ricorda? — chiede la donna iniziando a nutrire qualche dubbio.

Io rimango un attimo in silenzio, al che l'editrice:

— Guardi, forse c'é stato un errore. — replica sentendosi vittima di un raggiro.

In quel momento capisco e cerco di prendere tempo:

— Un attimo solo, mi scusi. — dico all'editrice dirigendomi veloce verso Helen, la quale ha udito la conversazione e sta già ridendo. Mi fa cenno che é stata lei a spedire il romanzo.

— Tutto a posto, é mia moglie ad aver inviato il manoscritto, non avevo capito bene. — dico alla donna rassicurandola.

Il qui pro quo viene chiarito e la conversazione procede talmente bene che fissiamo un appuntamento per vedersi di persona, dato che l'editrice si dice disposta a firmare il contratto di pubblicazione. É proprio la storia che stava cercando, poiché coniuga la ricerca spirituale ad un viaggio.

Quasi in contemporanea arriva anche la proposta di contratto per l'altro libro scritto insieme con Helen: *Illumina la tua Vita*.

Inoltre, la distanza non eccessiva con il nostro paese d'origine e lo spazio offertoci nella casa di mia nonna da utilizzare come studio, porta Helen a fissare delle sedute con alcuni dei suoi vecchi clienti e anche ad organizzare insieme a me un corso sulla fiducia. Si profila anche l'ipotesi di poter vivere in questa casa.

Con i nuovi libri in uscita iniziamo a fare molte presentazioni innescando un bel movimento, ma é necessario un po' di supporto economico ed é dunque giunto il momento che torni a fare, almeno part-time, il lavoro che facevo prima. É qualcosa che avevo considerato fin dall'inizio e che mi sembrava scontato e facile, invece mi accorgo che ho delle difficoltà. Sembra che non riesca a staccarmi dal mio computer, dove elaboro tutte le nuove idee. Ma durante un tour di presentazioni questo sodalizio subisce un'interruzione, per così dire forzata.
Alla fine di una serata di presentazione in libreria, rientrando nel camper di cui ci serviamo per il tour, mi accorgo che la porta é accostata. L'ultima cosa che vorrei dopo una bella serata non é proprio uno scontro con qualcuno, così cerco di entrare più cautamente che posso. All'interno non c'é nessuno, poiché ciò che dovevano fare l'hanno già fatto: il mio computer é stato portato via. Leggo questo avvenimento come un aiuto per vincere le mie resistenze nel ritornare a lavorare come cuoco. Cosa che non avviene subito, perché prima provo a propormi come presentatore televisivo o rappresentante aziendale, ma alla fine devo concludere che utilizzare quello in cui sono già esperto, può garantirmi risultati migliori.
Un amico di mio padre gestisce un'azienda che si occupa di ristorazione e forse avrà bisogno di una persona tra qualche tempo, poiché sta aspettando la conclusione di un accordo per una

fornitura importante. Non sono entusiasta di questa possibilità, ma accetto di rimanere in contatto in caso di sviluppi.

Da quando siamo tornati dal viaggio in Australia, sento di aver vissuto quello che la mia Ispirazione mi ha dettato e per questo sono felice. Far uscire le idee corrisponde alla sensazione che ogni volta ho provato, prima per SanGi e poi per Città della Pieve. Questi sono i luoghi che io ho proposto, adesso non sento di averne altri e proseguire qui, seppur con tutto quello che si sta muovendo con possibilità di lavoro compresa, non sembra farmi provare grande entusiasmo.

Ci vorrebbe una nuova Ispirazione, ma non ce l'ho. Io no, ma Helen si. Forse é arrivato il momento per l'espressione della sua Ispirazione.

Ne parlo con lei e chiaramente ne é felicissima: ci diamo la possibilità di reperire informazioni riguardo all'Australia in fatto di visti e documenti. Tramite amicizie di Helen viene fuori il nome di Evelyn, un'agente d'immigrazione, tra l'altro di origine italiana, che vive a Sydney.

Fissiamo un incontro con lei.

— Dunque volete venire a vivere qua. — ci dice Evelyn dall'altra parte dello schermo, durante la video chiamata.

— Si, forse sono più io di Lorenzo a voler fare questo passo. — ammette Helen.

— Che tipo di visto ci consigli di prendere? — chiede Helen entrando nel vivo della questione.

— Tu mi hai scritto che sei psicologa, giusto? — chiede Evelyn.

— Si, é così. — risponde Helen.

— Per la mia esperienza, devo dirti Helen che ritengo molto

difficile per te ottenere un visto. — dichiara categorica Evelyn — Inoltre c'é la questione del riconoscimento ed equiparazione degli studi che hai fatto e posso dirti che non conosco nemmeno uno psicologo italiano che sia riuscito in questa impresa.

Evelyn non esagera, gli studi di specializzazione di Helen sono più riconosciuti in America che in Italia o Australia e questo complica ulteriormente le cose. Helen subisce una doccia fredda nel suo animo caldo di entusiasmo.

— Nella mail che mi hai inviato — prosegue Evelyn — Hai menzionato che Lorenzo é un cuoco.

— Si. — conferma Helen.

— La sua posizione é completamente diversa dalla tua. — spiega Evelyn e poi, con lo sguardo e il dito indice che puntano verso di me come a bucare lo schermo — Lui può prendere il visto!

Fino a quel momento avevamo pensato che Helen avrebbe preso il visto ed io sarei stato come trasportato magicamente verso l'Australia, ma le parole di Evelyn cambiano tutto.

Tornare a fare il cuoco e per giunta in Australia. Inoltre devo rimettere a posto il mio curriculum, passare un esame di inglese e mettere da parte un po' di soldi. Davvero un bel po' di roba. Dove posso fare tutto questo? In Inghilterra!

Risistemare il mio CV vuol dire poter inserire alcune importanti recenti esperienze, cosa che negli ultimi tre anni non ho avuto, almeno nell'ambito della ristorazione.

Helen si offre di tradurre il mio CV, fare le ricerche per gli annunci di lavoro e tenere la corrispondenza.

Le offerte di lavoro a Londra, come cuoco o pasticcere, fioccano e con il CV e le mail che invia Helen, la mia figura appare rilucidata a dovere. Diciamo che Helen forse mi sta dipingendo in maniera un po' ottimistica, dandomi allo stesso tempo una grande fiducia.

Dal canto mio nutro qualche timore già per il lavoro che potrebbe sbloccarsi qui in Italia, figuriamoci per uno in Inghilterra!

Il grande entusiasmo di Helen produce presto i risultati sperati ed un agente di lavoro di Londra già risponde ad una email e richiede un colloquio telefonico.

Io mi sento in parte contento, poiché le tante opportunità di lavoro che appaiono nelle ricerche fanno intravedere un mondo ricco di prospettive, ma anche preoccupato per il mio livello di inglese, decisamente di base.

Il meeting via telefono avviene di pomeriggio. Nella email inviata dall'agente, egli si dice impaziente di conoscermi. Stando all'esperienza e a quello che ha saputo di me, si aspetta grandi cose. Dice di avere già un paio di luoghi fantastici, un hotel e un ristorante molto quotati, a cui presentarmi.

Mi sa tanto che Helen sia stata troppo magnanima nelle descrizioni che mi riguardano e mi sento un po' a disagio.

— Ciao Lorenzo! — esclama l'agente, felicissimo di fare la mia conoscenza.

— Ciao. — rispondo con voce incerta.

L'uomo continua velocissimo la conversazione, io rimango letteralmente pietrificato, non capisco che poche sillabe. Helen, accanto a me, mi supporta spiegandomi che cosa ha detto sottovoce: "Dice che é molto contento e che vuole sapere da te qualche tua famosa preparazione, così, giusto per soddisfazione."

Mi é sempre successo che quando qualcuno sapeva che facevo il cuoco mi chiedeva subito: "Quali sono i tuoi piatti forti?" Una domanda alla quale non ho mai saputo rispondere, deludendo le aspettative altrui.

Intanto l'agente di Londra é in attesa di una mia risposta ed io non so cosa dire, ho un vuoto mentale. Helen se ne accorge e prova a suggerirmi sottovoce una preparazione che si ricorda mi riusciva molto bene: — Bavarese.

Io non sembro cogliere immediatamente il suo aiuto, poi, come se mi fosse tornata la memoria di chi ero un tempo, rammento e mi esprimo a sillabe:

— Ba – va – re – se…

L'agente di Londra comprende la situazione abbastanza imbarazzante. Mi sembra di vedere la sua espressione mentre si pronuncia sull'esito del colloquio:

— Okay… Thank you. — dice concludendo triste la chiamata.

La telefonata con Londra é stata deludente, ma tutto sommato si é dimostrata una scena divertente e mi appare chiaro che questo non é il modo di avere qualche chance per me.

Dall'amico di mio padre non sono giunte notizie e mi sembra che questo mi dia il tempo di tentare qualcosa di più.

Se voglio giocarmi qualche possibilità devo assolutamente recarmi personalmente a Londra.

Capitolo 20

AVVENTURA

Sull'aereo viene annunciato l'imminente arrivo all'aeroporto di Londra Stansted. Ripenso a quando ho fatto il biglietto e non mi sembra vero: fino a poche ora fa mi trovavo nel paese dove sono nato, nella casa dei miei nonni e adesso sto per atterrare nella capitale del Regno Unito. Incredibile.

Fuori dall'aeroporto c'é il bus che mi porterà fino alla stazione dell'underground di Stratford, poi da lì prenderò la linea rossa ed in un paio di fermate raggiungerò Leytonstone, la parte nord orientale di Londra.

Ho prenotato una stanza in una casa dove si condivide l'uso di bagno e cucina. Non tornavo all'estero da tempi memorabili, intendo dire in questo modo, a cercare casa e lavoro e mi fa un certo effetto, più che altro per l'età che ho, poco più di quaranta. La frase che mi viene alle labbra facilmente é: "Sono troppo vecchio per queste cose", a cui si accompagna inevitabilmente un leggero senso di vergogna e di fallimento, per non avere ancora casa, lavoro e famiglia. É la vecchia storia, ma dato che sto vivendo una vita *non ordinaria*, come mi ha ricordato Naya, allora mi dico "forza e coraggio".

Il piano é quello di cercarmi un lavoro, vedere come va e poi dire ad Helen di raggiungermi. Non ho idea di quando questo potrà avvenire, non so nemmeno se riuscirò in questa impresa, ma se non ce la faccio qui praticamente salta anche l'Australia.

Mentre salgo sull'autobus il vento freddo di Dicembre, che mi sferza sulla faccia, sembra parlarmi di difficoltà, come una sensazione di paura in grado di abbattermi. Riuscirò a stare in piedi, a non crollare?

Il bus parte. Il sole inizia a tramontare. Il viaggio é iniziato e mi porta verso tutte quelle luci là in fondo, che iniziano ad accendersi nella città. Mi sento piccolo e temo di perdermi.

Ma qualcosa si illumina anche in me infondendomi serenità anzi, sembra quasi che brami questa esperienza: questa parte non ne è affatto spaventata. Non so proprio da dove provenga questa sensazione.

Ma si che lo so: é l'Ispirazione.

Fuori dalla fermata dell'underground di Leytonstone c'é Aadi, il ragazzo indiano che gestisce la casa dove abiterò per un po'. É venuto a prendermi con la sua auto, una mini vettura di colore giallo, dove sembra che quasi non entri nemmeno la mia valigia! Aadi mi ricorda il ragazzo Colombiano con il quale lavoravo sulla nave da crociera nella sezione pasticceria quando avevo 17 anni. Quando mi imbarcai, lui mi introdusse nei reparti della cambusa e della cucina e anche Aadi stasera sembra che mi apra le porte di questa nuova esperienza.

Dopo aver percorso nemmeno 300 metri, Aadi si ferma:

— Siamo arrivati. — mi dice. Da schiantare dal ridere, che bella accoglienza, Aadi si é preso la briga di scomodarsi sapendo che potevo avere una valigia e meno male che é entrata in bauliera!

La casa é in pieno stile inglese, a schiera attaccata ad altre, con mattoncini a vista e la parte inferiore dipinta di bianco. Alcuni gradini ci introducono al suo interno dove c'é l'immancabile moquette e subito la scala che sale al primo piano, dove Aadi vive con la moglie.

Lascio la valigia nella stanza che Aadi mi ha assegnato e poi lo seguo nelle altre stanze dove mi mostra il bagno e la cucina. Quest'ultima non mi fa un bell'effetto, mi appare alquanto sporca. Con il bagno forse ce la posso fare, perché ho bisogno di farmi una doccia.

— Se hai bisogno di qualcosa io sono di sopra, buonanotte. — dice Aadi salendo le scale.

— Va bene, grazie, buonanotte anche a te. — gli rispondo entrando in bagno.

Guardo nello specchio sopra il lavandino la mia espressione e mi si affianca il volto del me che era andato a lavorare sulla nave come garzone pasticcere a 17 anni:

— Come va Lore? — mi chiede sorridente.

— Non c'é male. — gli rispondo un po' tirato.

— Dai, vedrai come ti diverti a Londra domani. — mi suggerisce il me di quella esperienza — Non ti ricordi come ci divertivamo a New York? — aggiunge.

— Si hai ragione, altri tempi però. — commento sospirando.

Lo spirito con cui si prendono le cose fa davvero una gran differenza e qual'é la diversità tra l'esperienza di adesso e quella di quando ero più giovane? L'età? Se così fosse sarei spacciato. Credo che la differenza sia avere o non avere entusiasmo, il quale lo si raggiunge più facilmente quando non si ha paura e non ci si giudica. Ecco, io adesso ce li ho tutti e due, mentre a 17 anni ero talmente carico di voglia di imparare il mestiere che sarei andato in capo al mondo e quando sbarcavo dalla nave la domenica mi facevo sempre un giro per New York e mi sentivo invincibile!

In questo momento non ho proprio questo livello emotivo: conosco solo poche parole di inglese, non ho particolarmente voglia di tornare in cucina e tanto meno di andare in Australia. Come quadro generale direi che non fa una piega. Ma per fortuna squilla il telefono:

— Amore! — é Helen, lei si che ce l'ha il desiderio!

Da quando ho deciso di provare ad andare in Australia, vive una gioia immensa.

— Ciao amore. — le replico un po' fiacco.

— Tutto bene il viaggio, ti sei sistemato? — mi chiede.

— Sono un po' frastornato, ma tutto bene. — rispondo cercando di rassicurarla più che posso.

— Ok, io ho inviato il tuo CV anche oggi, rispondendo a degli annunci. — Helen é super attiva.

— Si, poi domani inizio ad andare in centro e posso distribuire a mano qualche copia del Curriculum anch'io. — aggiungo con fare strategico.

— Va bene amore, allora ci aggiorniamo presto. — conclude Helen.

— A presto, notte amore.

— Un bacio amore, buonanotte.

Stasera dormiremo ognuno da sé, chissà per quanto. Tuttavia il sentirsi al telefono accorcia le distanze e colma un vuoto. Inoltre, questi ultimi anni sono stati un po' impegnativi e probabilmente abbiamo bisogno di un po' di tempo per conto nostro.

Che dire, sono qua, non é proprio come essere a casa, ma ci sono: domani vado in centro a Londra.

Forza Lore.

Capitolo 21

UNDERGROUND

Mi sveglio: le otto circa. Apro gli occhi sulla mia nuova camera: davanti al letto c'é un piccolo tavolo, alla sua destra un modesto armadio e sulla sinistra una specie di credenza-scrittoio. La mia abilità di dormire ovunque mi torna utile, tutto sommato mi sembra di aver dormito bene, il letto é abbastanza comodo, e Aadi mi ha detto che pensa lui a lavare le lenzuola, una volta alla settimana.
Passo nel bagno, mi sciacquo la faccia e mi specchio nel vetro:
— Good morning. — mi auguro buona giornata in inglese per trovare familiarità con il luogo ed anche per vedere me stesso in una luce nuova, più internazionale: — Pronto? — aggiungo — Stamani si va in esplorazione!
La parola "esplorazione" sembra dare un tocco magico al mio stato d'animo e in un certo senso mi apre.
D'istinto mi reco in cucina per la colazione, ma... Non ce la faccio, mi appare troppo messa male. Così compio un veloce dietrofront verso la camera.
Sono abituato a mangiare appena mi sveglio, ma dovrò cambiare le mie abitudini per un po' e comunque non ho comprato nessun genere alimentare. Vedrò quello che mi offre la città, cercherò cappuccino e brioche, che lusso! Questa idea mi da molto entusiasmo, ma devo ricordarmi che sono qui per cercare lavoro, quindi guadagnare soldi, non spenderli. I primi giorni forse mi vizierò un po', tanto per trovarmi più a mio agio nel luogo.
Con il breakfast nella mente, mi vesto svelto per recarmi alla

fermata dell'underground. Sono munito di berretto, sciarpa, grande giaccone impermeabile e scarpe anti-acqua comprate per l'occasione.

Non vedo l'ora di provare la sensazione di infilarmi nel famoso treno sotterraneo, che qui viene anche chiamato *The Tube*, letteralmente *Il Tubo*. Aadi mi dice che la metropolitana qui é sulla Linea Centrale, la Red, ossia la Rossa, ed é la più veloce di tutte.

Arrivo alla stazione e salgo a bordo del treno dalla piattaforma che qui non é sotterranea, ma il Tubo, dopo appena una fermata, entra nel tunnel sottoterra e va velocissimo! É una sensazione incredibile, perché sembra di essere come all'interno di un grande proiettile sparato in una canna, tanta la velocità e i suoni emessi dalla meccanica del treno sui binari.

Questa prima esperienza, mettendo insieme velocità, vetri bui e il turbinio prodotto dai vari suoni metallici, mi appare come una metafora di qualcosa che in certi momenti scuote, un po' come ritrovarsi in una parte più oscura e profonda che poi, con il riemergere alla luce, scompare e il sollievo che ne consegue é rigenerante.

Scendo ad una stazione del centro di Londra. Il Natale é alle porte ed é tutto addobbato a festa. Passeggiando noto che ci sono hotel e ristoranti ovunque, tutte occasioni per poter lavorare. Del resto prima di arrivare qui, scorrendo tra gli annunci, con Helen ci eravamo resi conto delle tante opportunità di lavoro che il mercato londinese offriva. In teoria dovrei trovare un'occupazione molto presto.

Avvisto uno degli shop che mi era stato consigliato da amici ed entro per la colazione. Scelgo di sedermi al bancone posto davanti al vetro, così posso osservare il nuovo mondo in cui mi trovo: un movimento di tante persone che si spostano veloci verso posti di lavoro, un flusso nel quale anche io sto per immergermi.

Esco in strada e inizio a fare valutazioni sui locali che vedo, per decidere dove entrare a chiedere lavoro.

Mi torna in mente un giorno di tanti anni fa quando, sul volgere della fine del primo anno della scuola alberghiera, girai tutti gli hotel di Montecatini Terme, in cerca di un'occupazione per l'imminente stagione estiva. A quel tempo avevo tanta voglia di imparare il mestiere.

Adesso, con il fatto che ho iniziato a scrivere libri, quel desiderio é assai diminuito. Inoltre sono passati diversi anni da quando veramente lavoravo in cucina: il periodo in cui ho lavorato come cuoco alla mensa della scuola, lo considero in un altro modo e quindi il divario aumenta, così come il timore di non riuscire. Avere più desiderio, in grado di alimentare entusiasmo, farebbe sicuramente la differenza. Ricordo quanto ne avevo nel periodo della scuola alberghiera, quando il solo ammirare le copertine di riviste di alta cucina, che riportavano generalmente il piatto principale di quel numero, produceva in me emozioni indescrivibili. Quei piatti erano colorati e artistici, mostravano come le materie prime potessero essere combinate con grazia, sapienza e maestria. Io ne ero completamente affascinato, poiché mi sembrava che esprimessero la capacità di creare qualsiasi cosa con fantasia, reinventando la realtà, superando i confini delle abitudini, raggiungendo di volta in volta nuove altezze, che divenivano per me nuovi livelli di coscienza. Preparazioni che non solo erano soddisfacenti per il palato, ma anche per l'anima. I miei primi contatti con l'Ispirazione e il suo Regno di Possibilità Infinite.

Per fortuna, in questo momento, per smarcarmi da un'attitudine che potrebbe essere più dettata dal bisogno che dal desiderio, ho visionato, prima di partire per l'Inghilterra, dei video di un famoso chef londinese. L'ho visto mentre illustrava le preparazioni di piatti di alto livello, proprio come nelle riviste di tanti anni fa. É riuscito a riaccendere una scintilla in me e per prima cosa oggi voglio recarmi da lui per lasciargli il mio curriculum.

Il suo ristorante si trova in uno dei quartieri più esclusivi di Londra, quindi, tra la suspence di recarmi da lui e il fascino evocato dall'eleganza della zona, l'emozione é grande.

L'orario dovrebbe essere giusto, infatti arrivando al ristorante noto che la brigata di cucina si trova fuori per una pausa, probabilmente hanno appena finito di mangiare e si stanno preparando per il servizio del lunch. Il gruppo di cuochi in uniforme a strisce bianche e nere: che effetto straordinario.

— Buongiorno. — annuncio entrando nel locale.

— Buongiorno, come posso aiutarla? — un giovane cameriere mi accoglie. Penso si veda chiaramente che non sono un cliente. Gli spiego che vengo dall'Italia e vorrei consegnare il mio cv, se possibile, per un'eventuale valutazione. A dire il vero, gli ho chiesto anche se posso parlare con lo chef di persona.

Il giovane mi dice di attendere e va a chiedere in cucina. Il ristorante é estremamente elegante, di gran classe. La sensazione é fantastica, ho messo praticamente piede in uno dei luoghi sacri della cucina londinese.

Mentre sono rapito dal fascino del magnifico locale, scorgo con la coda dell'occhio una figura in uniforme bianca che si avvicina. Penso: "É lo chef!"

— Salve. — si presenta — Sono il capo chef. Lo chef al momento é impegnato.

— Va bene. — rispondo — Posso consegnare il mio curriculum?

— Certamente, dia pure a me: glielo farò avere.

— Grazie mille. — rispondo uscendo felice.

Per la verità, ciò che avevo a cuore di dire allo chef, era di come mi avevano ispirato i suoi video e che faceva la differenza in questo momento. Penso che sia importante farglielo sapere e gli invio una mail per dirglielo.

Poco dopo, mentre proseguo nel mio cammino di ricerca, lo chef replica alla mia mail: "Cosa potrei sperare di più" ed aggiunge: "Sfortunatamente, il personale é al completo, ma grazie di aver pensato a noi."

Anche se costituisce una piccola delusione sono felice, perché sono stato accolto veramente bene, credo di aver fatto la prima esperienza delle buone maniere inglesi e mi é piaciuto molto. Soprattutto la pronuncia inglese, che avevo già sentito nei video dello chef, mi piace, anzi direi che mi incanta.

Prima di ritornare verso l'abitazione di Leytonstone, lascio il mio cv in un paio di ristoranti e penso che come primo giorno sia andata più che bene.

La ricerca prosegue per diversi giorni. Mentre compio l'atto di lasciare una copia del mio curriculum al ristorante o hotel di turno, allo stesso tempo faccio il giro del centro di Londra, visitando alcuni dei luoghi più iconici della capitale inglese. Battere palmo palmo la città é molto bello, ma fa anche un gran freddo e appena posso cerco di ristorarmi nei tanti caffè presenti ovunque.

Alla sera, quando faccio ritorno nell'appartamento, entro sotto la doccia calda e mi sembra che l'acqua sciolga il gelo accumulato nel mio corpo durante la giornata.

Devo dire che mi sto comunque tenendo in forma, poiché percorro lunghi tratti di strada, o per meglio dire *corro* tratti di strada. Da quando sono a Londra e frequento il centro, ogni tanto mi capita di vedere qualcuno che corre. "Caspita, sono proprio indaffarati qui", commento ogni volta tra me ironizzando e giudicando quasi esagerato un simile comportamento. Oggi però é stato buffo. Mentre mi trovavo in centro mi squilla il telefono:

— Si, sono Lorenzo Sbrinci, il cuoco-pasticcere italiano. — rispondo continuando a camminare, felice che qualcuno mi stia cercando. Poi mi fermo all'improvviso: — Come dice? Dove mi trovo? — le parole dell'interlocutore mi mettono sugli attenti.

— Se riesce ad essere nel mio ufficio a breve, possiamo fare un colloquio. — mi informa la donna dall'altro capo del telefono.

— Arrivo subito! Non sono distante. — replico di scatto.

Immediatamente mi metto a correre anch'io, forse anche più veloce dei tipi che ho visto nei giorni scorsi. Proprio da ridere!

L'incontro va bene, la donna con la quale ho parlato é stata gentile e mi sembra di aver compiuto qualche passo in avanti.

Ma i giorni passano e non arriva nessuna notizia, né dai contatti che ho preso io, né da quelli cui Helen ha scritto.

Mi pare che la buona volontà ce la stia mettendo, ma forse non basta. Magari c'é una parte in me che segretamente spera di non prendere il lavoro e di tornare a casa, cosa che potrebbe avvenire molto presto, se la situazione non si sblocca.

Mentre avverto come una sorta di resistenza a proseguire nella direzione di restare qui, che mi serve per procedere verso l'Australia, un'altra parte sembra stare bene e per giunta divertirsi. É quella che chiamo Ispirazione, la parte che mi ha sospinto verso SanGi e Città della Pieve, che sapeva cosa c'era per me e probabilmente é a conoscenza di quello che ci può essere non solo qui, ma anche in Australia. Del resto, ho già potuto vedere quello che mi é successo nel primo viaggio in Australia, un'apertura che ho vissuto con trepidazione e che mi ha lanciato in una nuova traiettoria di vita. Aprirsi al nuovo é così difficile, come mai?

Anche quando presi la decisione di lasciare il ristorante di famiglia, all'età di 22 anni, ci misi ben due anni prima di capire che non potevo restare lì, o meglio, l'avevo capito molto presto, ma proseguire verso qualcosa di nuovo includeva anche lasciare il vecchio. La realizzazione di non voler restare a lavorare nell'azienda di famiglia avvenne in maniera rapida e chiara, fu il dopo a causarmi delle difficoltà. Quella situazione mi fece entrare in una sorta di stasi, che iniziò a logorarmi interiormente.

Come dire che l'Ispirazione mi aveva parlato chiaramente, sentendo che non ero fatto per rimanere a lavorare lì, ma prenderne atto e capire cos'altro c'era per me era impegnativo. Sarebbe bastato rimanere rilassato per far fluire quelle idee e soluzioni che mi giunsero dall'Ispirazione in seguito.

Ma non era facile dato che avevo speso tutta la mia giovinezza a frequentare la scuola alberghiera e praticare l'apprendistato in alberghi e pasticcerie, con il solo pensiero che un giorno sarei tornato a casa per continuare la generazione dei cuochi di famiglia, così come lo erano stati mio nonno e il mio bisnonno.

L'ultima esperienza di lavoro fu proprio sulla nave da crociera a New York e alle Isole Bermuda. Quando tornai, svolto il servizio militare, entrai subito nell'azienda di famiglia.

Sembrava tutto perfetto, così come avevo pensato per diversi anni.

Tra l'altro quella decisione coincise con il fidanzamento con la mia prima moglie.

Era come tutto fatto e già impostato, come se fossi salito sul mio treno e lo avessi collocato su dei binari pronti ad andare dritti nel futuro, così come me lo ero immaginato.

Ma a distanza di pochi mesi mi accorsi che c'era qualcosa che non andava. Non la chiamavo ancora Ispirazione, ma di certo era il primo contatto, che io mi ricordi perlomeno.

Avvenne un pomeriggio, mentre mi trovavo da solo in cucina per preparare dei dolci. Sentii che nonostante quella passione, per la quale stavo seguendo anche dei corsi di specializzazione, non mi sentivo fatto per stare lì. Non ero più il promettente successore della dinastia dei cuochi Sbrinci. Mi fu chiaro. Mi fece provare sensazioni di sollievo, ma allo stesso tempo anche smarrimento, per non essere più certo di chi ero e chi sarei stato, una volta venuto via di lì. La conseguenza fu il chiudermi in me stesso, senza parlare e tirar fuori quello che avevo, perché sembrava di dover confessare l'inconfessabile. Lo consideravo un problema irrisolvibile prima di tutto per me, perché mi ero sempre e solo identificato all'interno dell'azienda e poi per i miei genitori e parenti, i quali stavano vivendo la mia decisione di lavorare lì come un segnale di successione generazionale. Avevo raccolto l'eredità del passato e potevo portare avanti la tradizione.

Entrando comunque in uno stato di depressione ed evidente difficoltà, consigliandomi con i miei genitori, decisi di rivolgermi ad uno psicologo. Caso volle che venne fuori il nome e la possibilità di andare dalla stessa persona che mi aveva visto poco più di dieci anni prima. Allora fu un unico incontro, ma da quando entrai a lavorare al ristorante ci andai dieci volte.

La cosa interessante fu che lo psicologo mi dette gli appuntamenti tutti alle dieci di mattina. Così entravo al lavoro in anticipo, per riuscire a recarmi all'appuntamento in tempo e poi ritornare al ristorante e iniziare il servizio di mezzogiorno.

Lo studio dello psicologo si trovava a Pistoia e per andarci dal mio paese attraversavo una strada con una magnifica campagna costellata di alberi di olivo, vigne, tanti campi verdi, vivai di fiori e piante. C'era anche un piccolo maneggio e dalla strada riuscivo talvolta a intravedere un cavallo che mi dava una sensazione di libertà. Rammento che nel prendermi questa pausa mattutina provavo un senso di leggerezza, perché mi faceva sentire che era possibile uscire dalla situazione che mi stringeva dentro e fuori. Volevo più spazio, sentivo che avere tempo mi piaceva, che era l'obbiettivo principale che mi faceva felice, pur non sapendo ancora a cosa fosse collegato.

La cosa che mi ricordo, che uscì fuori dalle sedute con lo psicologo, fu che ero privo di cultura e il coltivarla mi avrebbe fatto bene. Mi riconobbi in quella teoria, anche se la cultura così come la intesi successivamente, mi scattò soltanto anni dopo. É un fatto che le cose si vedono solo in prospettiva.

Il senso di colpa e di fallimento dilagavano e ogni alternativa a quella situazione era una pallida soluzione, che sminuiva l'immagine che avevo di me. Ero dimagrito, perdendo molti dei chili che avevo preso durante il servizio di leva e mi mangiavo sempre le unghie delle mani. Ero proprio come in un tunnel dove non si vede la luce.

I tentativi che facevo per sentirmi meglio e capire cosa fare sembravano vani e dopo circa un paio d'anni che mi portavo dentro questa sofferenza, sentii che non ne potevo più, volevo che questa situazione finisse.

Interpretai questo desiderio come una volontà di farla finita.

Un pomeriggio, nel momento in cui il ristorante era chiuso, entrai nel bagno di casa, posto nell'appartamento al primo piano del locale. Mi chiusi dentro, portando con me una lettera e una penna. Sopra vi scrissi i saluti per i familiari, i parenti e gli amici più stretti. Tra le lacrime esprimevo il mio dispiacere per non essere riuscito a farcela, per non essere stato all'altezza della situazione. Un pianto a dirotto iniziò a fuoriuscire da dentro me, era come se mi trovassi sulla punta estrema di un precipizio e stessi per saltare, pronto a morire…

Ma tra le varie opzioni che potevo scegliere per passare al mondo Non Fisico, ne avevo adottata una a me non molto congeniale e non mi riuscì di attuarla.

Quello che avvenne subito dopo aver scritto la lettera e pianto, fu di alzarmi ed aprire la porta. Quando varcai la soglia del bagno ero un'altra persona. Avevo espresso il mio sacrificio, come dire "fino alla morte", pur arrivandoci solo con le parole e le emozioni.

Immediatamente mi fu chiaro quello che volevo: avere più tempo e meno stress, e potevo farlo cambiando lavoro, trovando un impiego in una mensa o in una scuola, ad esempio. Mi sentivo libero di farlo e non più oppresso dal senso di colpa. Ero sereno e determinato: un sogno.

Adesso qui a Londra, da giorni e giorni mi sposto da una parte all'altra della città e mi sembra di girare intorno alle situazioni, ma sento che corrisponde a qualcosa che é dentro di me. Mi sento inconcludente e mi chiedo: "Qualcosa mi sta frenando, è una paura?"

Nel buio della stanza, cercando di dormire, una parte di quell'esperienza vissuta in passato sembra essersi riaccesa dentro di me ed avermi riportato nella dimensione difficile da cui mi ero affrancato. Come un senso di fallimento sepolto in me che si riaffaccia per confrontarmi con quella parte e la difficoltà di non riuscire a vedere le esperienze in evoluzione all'orizzonte.

Con questi pensieri in testa, piano piano riesco comunque ad assopirmi, scivolando all'interno di un sogno catartico…

Apro gli occhi, ma non vedo che oscurità.

"Che buio, dove mi trovo?

Non ho ancora capito bene perché sono qua.

Di certo non vorrei esserci!

É un sogno, un incubo. No, é la realtà. Una realtà da affrontare…

Ho uno strano presentimento… Ora capisco perché ero così riluttante ad affrontare questa situazione!

Mio malgrado, gli sto andando incontro…"

Inizio ad udire dei rumori… Si accendono le luci: "Sono all'interno dell'Underground che procede velocissimo. Ma non c'é nessuno, ci sono solo io. Un momento, qualcuno sta venendo nella mia direzione…

La figura del Capotreno si fa notare. La riconosco:

— Oh no, non può essere… Io la conosco, ancora lei! — esclamo.

— Salve, si ricorda di me? — chiede l'uomo vedendo che l'ho riconosciuto.

Il suo tono stavolta é più confidenziale e rilassato, mi piace e un senso di ironia mi pervade, quasi a vedermi da fuori ed anch'io rispondo sulla stessa linea:

— Certo, mi ricordo. — ammetto con tono quasi umoristico, poi ritorno alla situazione e cerco di capire cosa sta succedendo — Adesso cosa avverrà? Mi tocca un altro salto? Andiamo con le ali anche stavolta? Tanto ormai ho capito come si fa. — aggiungo con sarcasmo.

— Quello era il salto di prima. — ribatte il Capotreno.

— Cos'altro c'é da sistemare? Il mio treno ha ripreso a viaggiare, ormai. — replico.

— Quello si, ma c'é qualcosa che é rimasto fermo da un po'… — dichiara il Capotreno.

— Di nuovo indovinelli. — ribatto.

— Deve continuare il suo viaggio. — continua l'uomo con

fermezza.

— Ultimamente lo sto facendo a bordo di questo Tubo, a quanto pare. — come a rivendicare un senso di vittimismo.

— Esiste un altro modo, forse migliore per lei in questo momento. — dichiara il Capotreno.

Il Tubo rallenta la sua corsa, si ferma e le porte si aprono.

— Next stop? — chiedo ironico per sapere quale sia la fermata — Non c'é l'annuncio? — aggiungo ironico.

— É una sorpresa. — ancora l'uomo calmo e sereno — Prego, dopo di lei. — mi dice invitandomi a scendere dall'Underground.

— Incredibile. — dichiaro scuotendo la testa mentre scendo, più sorpreso che mai.

Il Tubo si é fermato in un punto che ha tutta l'aria di essere una stazione fantasma. Sembra un luogo abbandonato da tempo immemore.

— Non c'é proprio nessuno! — esclamo.

— Nessuno non direi. — afferma il Capotreno con tono allusivo.

— Le piacciono proprio le sorprese. — ribatto sorridente.

— Non ha parlato di indovinelli stavolta, ma di sorprese. — dichiara l'uomo — Mi compiaccio con lei, sembra essere entrato nello spirito giusto dell'esperienza.

Riconosco che ha ragione, mi sento più sereno e noto anch'io con piacere che prendo la situazione con buon umore, aspettandomi cose piacevoli.

Il Capotreno mi fa strada verso un passaggio. Camminiamo con poca luce, ma in fondo sembro scorgere la sagoma di una persona seduta per terra, appoggiata al muro…

— La riconosce? — mi chiede allusivo il Capotreno, avvicinandosi alla figura rannicchiata a terra.

— Sembra… — non oso avanzare la mia ipotesi, una sensazione

forte mi stringe la pancia.

— Coraggio. — dice il Capotreno — La stava aspettando. — aggiunge incalzandomi con gentilezza.

Ci avviciniamo e quella persona volge il suo sguardo proprio verso di me e allora lo vedo, lo riconosco.

— Ma sono io! — esclamo a gran voce.

— Una parte di lei. — chiarisce il Capotreno — Quella rimasta sepolta nell'incidente precedente del treno, quello del salto con le ali.

— Perché? — chiedo accorato.

— Quando lei saltò dal treno — spiega l'uomo — Compì un gesto di fiducia e coraggio, lasciando andare il senso di colpa e di fallimento. Queste ultime emozioni finirono per precipitare con il suo treno nell'incidente, insieme a stati d'animo simili che lei aveva provato nella sua vita.

— Come quando arrivai sul punto di volerla fare finita, perché mi sentivo in colpa e credevo di aver fallito con il ristorante di famiglia.

— Proprio così. — dice contento il Capotreno — Ma anche allora si aprì una nuova prospettiva, anzi, era già lì che l'attendeva.

— Ci ho messo un po' di tempo prima di potervi accedere. — commento.

— Quando però ha lasciato andare quelle emozioni pesanti é riuscito a risalire in quota. — spiega l'uomo.

— É una bella terminologia. — dichiaro e mi accorgo che il Capotreno sembra introdurmi a qualcosa di nuovo.

— Tra poco le sarà ancora più chiaro. — mi dice.

— Lei é proprio forte. — commento felice — Ma quindi, questa mia parte, questo me…

— La paura di fallire che prova in questo momento per la

situazione che sta affrontando, le risveglia antiche emozioni simili a quelle provate in passato, che si riattivano e le creano difficoltà. — spiega il Capotreno.

— Come posso andarci incontro al meglio? — chiedo.

— Il fatto di darsi la possibilità, eliminando il giudizio e un'aspettativa troppo grande e quindi, prendendola con calma, l'aiuterà a vivere meglio ed anche ad usufruire del supporto dell'Ispirazione. — poi il Capotreno, rivolgendosi anche all'altro me — Adesso, ricongiungendosi con la sua parte, questo sé di oggi potrà infondere tutta la serenità che é in grado di esprimere per godersi al meglio il viaggio.

— Meraviglioso. — commento estasiato. Poi con l'altra mia parte ci scambiamo uno sguardo di amore e fiducia reciproco, esprimendo tutta la gioia che abbiamo dentro e che proviamo per noi stessi e annuncio: — Andiamo? — e l'altra parte mi dice:

— Si, andiamo, sono pronto. — e a quel punto, abbracciandosi, lei si fonde in me ed io in lei, divenendo un tutt'uno.

Sono pervaso da un amore sconfinato e un calmo senso di fiducia si é propagato in me.

A quel punto mi volto verso il Capotreno:

— E ora, che si fa? — chiedo con animo colmo di gioia.

— Venga, glielo mostro. — dice l'uomo incamminandosi all'interno del tunnel.

— Dove mi sta portando? É sicuro che sia la direzione giusta? — chiedo un po' tra il serio e il faceto.

— Certo! — dichiara l'uomo proseguendo.

Dopo un breve tratto nell'oscurità, il Capotreno si infila in un passaggio nella roccia:

— Venga, da questa parte. — mi dice invitandomi a seguirlo.

Saliamo attraverso un'apertura e ci ritroviamo su di un

promontorio a picco sul mare.

— Caspita, che posto. — commento per la spettacolarità del luogo.

— Non le dice niente? — mi chiede il Capotreno con un pizzico di ironia.

Così mi guardo meglio intorno:

— Ma é il punto dell'incidente del mio treno! — esclamo.

— Esattamente. — afferma l'uomo.

— Quindi ora... nuovo treno e nuovi binari? — domando un po' deluso.

— Le consiglierò qualcosa che le si addice un po' di più, mi segua! — afferma il Capotreno pieno di entusiasmo invitandomi con la mano.

L'uomo gira intorno al promontorio, io lo seguo e i miei occhi rimangono esterrefatti: una magnifica mongolfiera é pronta alla partenza.

— Che gliene pare? — chiede il Capotreno avvicinandosi alla mongolfiera e tirando la corda interna producendo la fiamma nel pallone — Bella vero?

— É fantastica! — esclamo pieno di commozione.

— So già che la conosce un pò... — commenta l'uomo.

— In effetti, si... — ammetto con timida gioia.

— Con questa potrà affrontare le rotte del suo viaggio con più libertà. Si lasci portare dal vento mi raccomando. — mi consiglia lui — Il treno era diventato troppo rigido per lei come mezzo di trasporto. Questo aeromobile potrà stare al passo delle sue evoluzioni con più flessibilità. — dichiara orgoglioso il Capotreno.

Con immenso stupore salgo a bordo della stupenda mongolfiera, mentre un'alba meravigliosa si dipinge nel cielo.

— Coraggio — dice con tono gioioso il Capotreno — Tiri la cordicella!

Seguo il consiglio e una meravigliosa fiamma si sviluppa all'interno del pallone che sembra ancora più gonfio e pronto alla partenza.

— Le piace? — chiede felice l'uomo.

— É una sensazione unica. — rispondo carico di amore.

— É la forza dell'entusiasmo, la terrà sempre in quota. — dichiara il Capotreno. Poi si toglie il berretto e la giacca della sua uniforme.

— Cosa sta facendo? — gli chiedo.

— Non ho più bisogno di questi indumenti ormai, devo anch'io cambiare veste. — dichiara in maniera dolce.

L'uomo, che era stato il Capotreno fino a qualche istante prima, viene rivestito da una luce che lo ammanta e ora tutta la sua persona emana un bagliore straordinario. É divenuto un Essere di Luce.

— Incredibile! — esclamo a bocca aperta.

— La potrò seguire meglio in questo modo, d'ora in avanti... — spiega.

L'Essere di Luce si avvicina alla cesta per sganciare le corde che ancorano l'aeromobile:

— Pronto? — chiede.

— Pronto. — dichiaro a mia volta con intensità.

La Mongolfiera viene liberata dalle funi e inizia a librarsi magnificamente nell'aria. Agganciato alle corde tiro ancora una volta la cordicella che produce una bella fiamma. Il senso di trepidazione e avventura sale alle stelle, con i colori del pallone che iniziano a stagliarsi nel cielo:

— Grazie ancora! — esclamo salutando dall'aeromobile, poi aggiungo — Ma qual'é il suo nome? — mi pare assurdo non sapere il nome di colui che sembra conoscere tante cose di me.

— Proprio non lo sa? — chiede ironico l'Essere di Luce.

Allora capisco che ho avuto il privilegio di conoscere e parlare proprio con:

— Ispirazioneeee! — grido di gioia mentre la mongolfiera sale più in alto.

— Proprio così amico mio, proprio così… — dice l'Essere di Luce a bassa voce, sorridendo.

Capitolo 22

CHESTER

Mi sveglio proferendo alcune parole:

— L'Underground… l'Essere di Luce… la Mongolfiera… che meraviglia.

Ricordo perfettamente il sogno di stanotte, mi ha lasciato una sensazione straordinaria e ricordo quello che l'Essere di Luce mi ha spiegato.

Sono a conoscenza che sono un essere vibrazionale immerso in un universo vibrazionale dove i pensieri - che rappresentano le vibrazioni - creano la realtà, grazie alle emozioni che danno forza propulsiva, oltre ad essere misura di come quel pensiero fa sentire, per capire se quello a cui sto dando attenzione fa piacere o no, quindi se lo voglio o meno.

Capisco la correlazione espressa dall'Essere di Luce, riguardo alla similitudine tra il me ventenne, che attraversava un momento di difficoltà, e quello di ora che si trova ad affrontare situazioni simili, con pensieri analoghi e conseguenti emozioni di paura e fallimento.

Il suggerimento dell'Essere di Luce é stato di darmi possibilità, ossia di ampliare la mia visione attraverso la metafora della mongolfiera, un mezzo di trasporto in grado di spaziare in maniera più ampia e meno calcolata. Infatti, é qualcosa che ho già sperimentato a SanGi e Città della Pieve, dove il mio panorama si é molto allargato, attraverso modalità di scelta diverse da quelle cui ero abituato.

Così stamani mi sento sollevato da pensieri pesanti e sensazioni inutili di paura, e mi é venuto in mente di andare ad un'agenzia che può aiutarmi a trovare lavoro.

Gli uffici dell'agenzia si trovano in un'area di Londra che ancora non ho visitato. Com'é grande questa città!

Fa effetto viaggiare qui perché utilizzando quasi sempre il Tubo, non ho l'esatta percezione dell'esterno e finisco spesso con il riemergere in una zona che mi appare quasi all'improvviso e mi fa percepire la città come una realtà immensa ed infinita.

— Buongiorno, sto cercando lavoro potete aiutarmi a trovarlo? — chiedo appena entrato nell'agenzia al ragazzo seduto nella prima scrivania.

— Certo. — mi risponde un giovane — Temporaneo o lungo termine? — mi chiede lui.

— Non saprei. — rimango un attimo interdetto, perché non mi aspettavo queste opzioni.

— Temporaneo. — il ragazzo ha capito che sono arrivato da poco e mi suggerisce l'opzione più breve.

Comprendo che si tratta della possibilità di lavorare uno o più giorni, rimpiazzando qualcuno che é assente o per necessità particolari. L'agenzia sembra particolarmente specializzata su questo e concordo con il fatto che é meglio partire piano, visto che devo far pratica con la lingua.

Dopo aver lasciato il mio curriculum e sostenuto un breve test di idoneità per capire se conosco le basi della corretta igiene nei locali di lavoro, esco dall'ufficio con due precisi compiti: aprire un conto corrente e richiedere il numero dell'assicurazione nazionale. Sono due requisiti imprescindibili per ottenere il lavoro qui in UK.

Scorgo una banca non troppo distante dall'agenzia e decido di entrarvi subito per richiedere l'apertura del conto bancario.

Alle parole "Bank account" da me scandite al primo impiegato della banca con un'espressione e un modo che fanno capire che sono straniero e conosco quasi solo quelle, la persona mi spedisce al piano di sotto.

In fondo alle scale mi trovo di fronte ad una porta a vetri. Busso e quasi entro senza aspettare la risposta. Mi rendo conto che sono in preda ad una determinazione crescente.

— Chi é lei? — domanda sorpresa l'impiegata all'interno della stanza. Posso dire che é leggermente impaurita, probabilmente attende delle persone, ma io non corrispondo a nessuna di loro. Il mio modo di fare abbastanza deciso proveniente dalla ferma decisione di andare avanti in ogni modo, l'ha fatta sussultare.

— Mi chiamo Lorenzo Sbrinci. — replico, come dire che ormai sono qui e lei é la persona designata ad aiutarmi.

— Ha un appuntamento? — chiede la donna, per vedere se almeno ho un incontro fissato, insomma che almeno ho parlato con qualcuno della banca.

— No, non ce l'ho. — chiaramente non ho un appuntamento e anzi sono in anticipo di dieci minuti sull'apertura della banca, e non so per quale motivo gli impiegati mi abbiano fatto entrare.

— Perché sei qui? — chiede la donna iniziando a spazientirsi.

— Conto bancario: devo aprire un conto bancario. — rispondo alzando il tono al pari della donna.

— Spiacente, ha bisogno di un appuntamento, deve ritornare quando ce l'ha! — ribatte ferma l'impiegata.

— Io ne ho bisogno ora! — dico a gran voce e un po' galvanizzato per riuscire a spiccicare poche, ma concise parole in inglese.

— Non é possibile! Ho dei clienti tra dieci minuti! — dice la donna con forza.

— Me lo faccia adesso, per piacere. — chiedo supplicando, ricordandomi che ho iniziato ad usare la parola *please*, ossia per piacere, che qui non deve mai mancare.

— Nooo! Perché questo e perché quest'altro. — la donna aggiunge altre cose che non riesco a comprendere. L'impiegata non vuole cedere. Ma l'ammontare della mia determinazione é ormai fuori controllo e mi fa pronunciare un sonoro:

— Cosa? — le replico come a dire che é lei che si sta sbagliando. L'impiegata finisce per sfogarsi:

— Perché sei venuto qui da me oggi se non capisci nemmeno quello che ti dico! — dice la donna con tutta la voce che le é rimasta.

Al che io pronuncio qualcosa che arriva da tutta la mia determinazione, ma anche disperazione:

— Perché mia moglie vuole andare in Australia e se non apro il conto bancario non posso ottenere il lavoro, niente lavoro, niente esame di inglese e niente visto australiano! — lo sfogo é totale.

Sarà stata una questione di solidarietà femminile o perché l'impiegata ha percepito tutto il mio impegno, fatto sta che la donna ha un cambio repentino di valutazione della questione e sovvertendo ogni protocollo esclama con tono deciso:

— Presto allora!

Credo che l'impiegata abbia stabilito un nuovo record di compilazione di documenti, firme e timbri, consentendomi di uscire dalla banca con il conto bancario aperto. Con quello mi reco nei pressi di Westminster in un ufficio del lavoro, dove richiedo il numero dell'assicurazione nazionale.

In camera, nell'appartamento di Leytonstone, sfoglio il taccuino su cui annoto gli appunti di viaggio: pagine e pagine con nomi di hotel, ristoranti, manager, strade, piazze e sobborghi, un vero e proprio diario di bordo, nel quale vi sono anche le note per il nuovo libro di racconti d'ispirazione e per questo romanzo.

In un angolo dell'armadio invece, pronta per essere usata, c'é la divisa da cuoco che mi sono portato dietro. Sono circa tre anni che non la indosso.

Mentre attendo di ricevere notizie, sul mio telefono sfoglio le foto che ho fatto alle ricette dei miei quaderni di pasticceria. Esse risalgono a tanti anni fa, molte di loro non le ho nemmeno mai sperimentate, ma ho sentito di portarle con me, forse qualcuna mi occorrerà.

Arriva un messaggio sullo schermo del cellulare: "Domani mattina ore sette, Mensa della Musica, solo un giorno". Poi arriva anche l'indirizzo.

Ci siamo, é la prima opportunità di lavoro, l'agenzia ha funzionato.

Mi reco per tempo alla stazione del Tubo, poiché dovrò fare due cambi di linea e con sorpresa vedo che ci sono già molte persone. É impressionante quanta gente si rechi in centro a Londra. Qualche giorno fa, scendendo dall'Underground, mi sono attardato un attimo prima di imboccare l'uscita e nel giro di pochi minuti un altro Tubo é arrivato, riversando una nuova folla alla fermata. Che impressione.

Arrivo all'edificio della Musica in tempo. Entro, mi presento e mi vado a cambiare. In cucina trovo un cuoco e una cuoca, credo più o meno abbiano la mia età.

Prima di entrare ho potuto vedere la sala mensa e mi é sembrata piuttosto grande, gli uffici sono tanti e vista la mole di impiegati che lavorano in questo posto, avviene un po' la scena che ricorda le caserme o le navi: grandi quantità di cibo, dove l'ultimo arrivato si becca i lavori più umili. Beh, magari sono un po' esagerato, ma a me fa un po' quell'effetto. Mi vengono assegnati sacchi di patate, cavoletti di Bruxelles e cassette di pastinaca da pulire e tagliare, poi finisco ad affettare rotoli di tacchino arrosto. Mi trovo a mio agio comunque, l'esperienza mi ricorda molto i primi tempi alla mensa della scuola a Pistoia, nella quale arrivammo a produrre ben mille pasti al giorno.

La giornata passa piacevolmente, le persone mi hanno accolto con gentilezza e mi sono divertito. Penso che potranno parlare bene di me all'agenzia.

Infatti, prima di infilarmi nel Tubo per tornare a casa, ricevo un altro messaggio di lavoro: "Domani, otto del mattino, Golf Club, solo un giorno". Bene, le offerte iniziano a fioccare.

Così l'indomani mi reco sul nuovo posto di lavoro. Si tratta di un club per gli amanti del golf, i quali seguono sugli schermi i vari match nel mondo, mentre consumano il pranzo o la cena. Ad aspettarmi nel locale c'é un giovane ragazzo proveniente dal Brasile che oggi ha del lavoro straordinario, per questo ha chiesto rinforzi.

Vivo anche lì una bella esperienza e sono contento perché sto acquistando fiducia. Inoltre, sto tenendo il conto dei soldi che mi arriveranno da queste due giornate e devo dire che sono essenziali.

Al telefono, la sera, informo Helen dei miei progressi e siamo entrambi felici di questo, sembra che la strada verso l'Australia si stia aprendo veramente.

La sensazione di fiducia che questi due lavori mi stanno dando é eccezionale. Anche se possono apparire poca cosa, in questo momento significano molto.

Così prendo coraggio e l'indomani chiamo l'agenzia per chiedere se ci sono altre opportunità per la settimana:

— Buongiorno, sono Lorenzo Sbrinci, lo chef italiano, ci sono altri lavori per me?

— Buongiorno Lorenzo, fammi vedere. — qualche attimo di suspence — Si, c'é un lavoro, probabilmente per due giorni, ti scrivo l'indirizzo.

— Grazie mille! — rispondo felice.

L'appuntamento é fra un giorno e mi viene in mente di andare a vedere dove si trova il posto di questo lavoro così da essere preparato.

Servendomi del Tubo arrivo all'indirizzo fornitomi dall'agenzia. Si tratta di un bel palazzo a vetri, sede di importanti uffici. Mentre sono lì che ammiro la costruzione, penso fra me: "Potrei andare a presentarmi e chiedere se hanno qualche comunicazione utile per il lavoro che dovrò svolgere, ciò potrebbe avvantaggiare sia me che loro."

Entro nel palazzo e subito mi trovo davanti una reception con alcune impiegate. Mi presento ad una di loro spiegando il motivo per cui mi trovo lì.

— Sarebbe possibile parlare con lo chef, per favore? — mi sono ricordato di inserire il famoso *please* e ne sono contento, ma non sembra sortire l'effetto desiderato e la signorina mi guarda un po' stupita:

— Perché?

Alla sua risposta sono io a rimanere sorpreso, perché non mi sembra ci sia niente di male.

— Domani sarò in servizio qui ed é solo per presentarmi e avere qualche consiglio. — le dico per rassicurarla.

— Di solito é molto impegnato. — replica la receptionist con un'espressione che inizia a dipingersi carica di timore.

La parola "impegnato", che si traduce con *busy* in inglese, in effetti l'ho già sentita e qui a Londra fa un certo effetto, assume un connotato particolarmente marcato.

Così cogliendo l'imbarazzo della receptionist le dico:

— Se é un problema, non fa niente, vado via.

Ma la donna, malgrado la sua titubanza, sembra voglia fare almeno un tentativo e alza la cornetta del centralino, anche se con apprensione.

La osservo mentre riceve la risposta alla domanda che le ho rivolto e sembra che non veda l'ora di riagganciare. Alla fine butta giù la cornetta tirando un sospiro di sollievo:

— Mi dispiace ma non é possibile, come le avevo detto sono molto *busy*. — dice la receptionist che inizia a rilassarsi.

— Grazie mille comunque, ci vediamo presto. — le dico avviandomi verso l'uscita.

Pochi minuti dopo, mentre attraverso la piazza antistante il palazzo, il cellulare squilla:

— Lorenzo perché sei andato nel posto di lavoro oggi? L'appuntamento é per domani! — una voce femminile tuona dall'altro capo del telefono.

— Scusi, non capisco. Con chi parlo? — replico stupito.

— Sono la manager dell'agenzia che ti ha trovato quel lavoro! — ribatte la donna con veemenza.

— Mi scusi, ho solo chiesto se volevano darmi qualche consiglio. — le dico giustificandomi.

Non mi sembra di aver fatto niente di così tremendo, ma dal tono della donna comprendo che é un problema e la cosa mi preoccupa:

— Il lavoro c'é sempre? — chiedo alla manager.

— Si c'é, ma non fare più una cosa del genere, mi raccomando. — dice la donna con tono supplicante e teso allo stesso tempo.

— Si, certo, mi scusi. — concludo costernato.

La telefonata mi ha veramente scosso e inizio a pensare che forse il lavoro non c'é più, anche se la manager ha affermato il contrario.

Mi rendo conto che ho bisogno di sedermi, la conversazione mi ha tramortito. Mi appoggio sulla sponda di un ponte, c'é il sole e cerco di riceverne l'energia, soprattutto per non vedere tutto nero: "Stava andando tutto bene, mi sa proprio che ho commesso una gaffe, forse mi sono giocato quell'impiego" commento tra me.

Con questi pensieri in testa, cercando di fare il possibile, decido di recarmi all'agenzia per scusarmi ancora e accertarmi del lavoro.

Poco dopo arrivo all'ufficio. La manager é sorpresa, ma accetta di parlarmi ed io le spiego meglio quali sono state le mie intenzioni. Ho capito che qui se ti danno un appuntamento lo devi rispettare e non avere questo genere di iniziative che ho preso io. Alla mia ennesima domanda sull'esistenza del lavoro, la manager mi risponde affermativamente, ma a me non sembra sia così.

Per cercare di riprendermi vado in centro a Londra, per l'esattezza a Trafalgar Square. Nella stupenda piazza inizio a rilassarmi, quando mi arriva un messaggio sul cellulare dall'agenzia: "Non andare più al lavoro domani, non ne hanno più bisogno."

Voilà, il gioco é fatto. Lavoro compromesso e penso anche l'agenzia, perché non penso che la motivazione sia perché non hanno più bisogno.

Mi siedo sul bordo della fontana della piazza, adesso é l'elemento dell'acqua a sostenermi, per riuscire a veder fluire le situazioni e non sentirmi in stallo. Devo arrendermi e tornare sconfitto? Facendo un rapido bilancio e due conti di quanti soldi mi restano, la risposta arriva da sola: il denaro che ho non mi basta nemmeno per tornare in Italia. Come dire che devo rimanere in ogni modo.

Il cellulare emette il suono di quando arriva una nuova mail. La apro: "Sono lo chef di un hotel a Chester e vorrei parlarti di un lavoro a lungo termine". Incredibile, non riesco a crederci.

Immediatamente chiamo Helen per chiederle dell'annuncio e mi conferma che é lei che ha risposto all'inserzione per cuoco a Chester. Così chiamo subito lo chef:

— Salve, sono Lorenzo Sbrinci, il cuoco italiano.

— Salve Lorenzo, sono Scott lo chef dell'hotel a Chester, vorrei incontrarti, é possibile?

L'accento dell'uomo é un po' diverso da quello cui mi sono abituato ed infatti Scott se ne scusa un po' notando una mia leggera incertezza:

— Mi hai capito? Scusa Lorenzo, io ho un accento scozzese.

— Ah, va bene. — replico stupito — Certo, posso venire anche adesso se vuole, mi trovo a Trafalgar Square.

— A quest'ora del pomeriggio non credo ce la farai, ci vogliono quasi tre ore per arrivare qui, Chester é vicino Liverpool. Mi piacerebbe farti fare una prova in cucina.

— Mi scusi, pensavo fosse un quartiere di Londra. — cavoli, Helen ha spaziato un pò con gli invii dei cv! — Posso venire domani se vuole — dichiaro.

— Perfetto, ti aspetto qua — risponde lo chef di Chester con tono deciso.

Capitolo 23

SINCRONICITÀ

Quando ormai stavo considerando la mia avventura finita, la possibilità di poter prendere il lavoro all'hotel di Chester costituisce un vero colpo di scena.

Il treno diretto a nord, partito dalla stazione di Londra, inizia a mostrarmi l'affascinante campagna inglese.

Durante il tragitto ho il tempo per montare un breve video con le immagini che più rappresentano il mio stato d'animo: la foto con i miei familiari prima di partire; quella che mi ritrae con Helen, che mi guarda sorridente prima di incamminarci sui drappi colorati per andare a sposarci vicino al fiume; la mia video intervista chiesta dall'editrice per consigliare il mio romanzo e la foto davanti al ristorante del famoso chef di Londra. In sottofondo aggiungo una musica dolce che ben si adatta al piccolo cortometraggio e che lega tutti i sentimenti che stamani corrono veloci su questo treno, con la pioggia che cola sui vetri, così come fanno alcune lacrime sul mio viso.

Dalla stazione di Chester un autobus mi porta fino a destinazione. Da quello che ho potuto vedere su internet l'hotel fa parte di una grande catena, é dotato di spazi per meeting, palestra, piscina e un bel giardino esterno che lo rende adatto per ricevimenti e matrimoni: davvero una bella struttura.

Quando entro nella grande sala d'aspetto in stile contemporaneo incontro il manager dell'hotel:

— Buongiorno, sono Lorenzo Sbrinci. — gli annuncio — Ho una prova in cucina.

— Salve Lorenzo, sono il manager, si sono stato avvisato. Vieni, ti accompagno dallo chef.

Passiamo attraverso la zona bar e la sala ed arriviamo in cucina.

— Scott, è arrivato Lorenzo. — annuncia il manager.

— Grazie. — replica lo chef — Benarrivato Lorenzo, hai fatto buon viaggio? — mi chiede.

— Si, grazie. — rispondo felice di questa accoglienza.

— Vieni, ti mostro dove puoi indossare l'uniforme.

Attraversiamo un corridoio per giungere fino agli spogliatoi.

— Puoi cambiarti qui. Ti aspetto di sopra in cucina.

— Grazie.

Prima, quando mi sono affacciato in cucina, ho intravisto la brigata dei cuochi, almeno sei. La sensazione é stata piacevole e dopo aver rotto il ghiaccio a Londra, sento di affrontare meglio questa esperienza.

Lo chef Scott mi presenta ai cuochi, più o meno tutti giovani e simpatici e mi mostra le varie sezioni della cucina. Quindi inizio ad aiutare prima un cuoco, poi un altro, finché non arriviamo al momento del servizio: Scott ha bisogno di vedermi in azione. Mi sembra che vada abbastanza bene, chiaramente con dei momenti di esitazione, perché sento pronunciare delle nuove parole e oltre a non capirle, mi sembra che non sia possibile ricordarmele. Tutto ciò imprime all'esperienza un po' di concitazione, data anche la velocità del lavoro nei momenti di picco, ma questi colleghi sono molto bravi e pazienti, nonostante tutto il daffare che c'é.

Finito il servizio, lo chef mi manda a cambiare e poi ci sediamo al bar per parlare:

— Mancano pochi giorni a Natale e l'hotel si riempirà. — dice

Scott — Ci saranno ricevimenti e banchetti per la fine dell'anno. Per me la prova é andata bene e se vuoi puoi tornare domani e cominciare subito. Per il primo periodo posso farti avere una stanza all'interno dell'hotel. Che ne dici?

— Va benissimo, grazie. Torno a Londra a prendere le mie cose e ritorno subito qui. — dichiaro incredulo.

Rientrato a Leytonstone, Aadi si mostra molto gentile e mi dice che posso lasciare l'appartamento senza problemi. Al che faccio subito fagotto e l'indomani riprendo il treno per Chester.

— Ecco, questa é la sua camera. — dice la cameriera ai piani mostrandomi la stanza dove alloggerò nell'hotel di Chester.

— Grazie mille. — le dico.

Mi é venuto quasi di lasciarle la mancia, si può dire, perché é una camera ufficiale dell'hotel, proprio bella. Ricordo quando lavorai per la prima volta come commis di cucina a 15 anni, in un hotel di Montecatini Terme. Le camere del personale si trovavano in una sezione interna della struttura e non erano male, io mi ci trovavo bene, però ricordo che mia madre un giorno venne a trovarmi e la volle vedere: ci mancò poco che iniziasse a piangere! Beh, c'era da capirla, avevamo anche noi un albergo e quella situazione le dette un senso di vaga indigenza.

Adesso qui a Chester, con il trattamento coi guanti bianchi che mi stanno riservando, mi sento come un vero professionista del settore e mi fa chiedere se sarò all'altezza della situazione.

Nel colloquio che ho avuto ieri con chef Scott, c'é stato un momento particolare:

— Sono stato sorpreso — mi dice — Di vedere che ti proponi in qualità di commis di cucina. — in pratica é il grado di quando iniziai a lavorare.

— É per via della poca dimestichezza con la lingua inglese e voglio iniziare con calma. — rispondo.

Principalmente le mie giustificazioni celano il timore di non essere abbastanza bravo e mi pare già incredibile che Scott mi stia dando fiducia.

In cucina fervono i preparativi per le tante prenotazioni e sento che é piacevole trovarmi qui, provo una sensazione quasi familiare e non é poco, specialmente in questi giorni prenatalizi.

Il tempo passa bene, con forti picchi di lavoro, tensioni e divertimento. Scott mi ha parlato di una sua idea di cambiare il menù, a favore dell'introduzione di piatti italiani. In cucina l'ho visto più volte rivolgersi a me menzionando alcune famose preparazioni della cultura culinaria italiana, felice di condividerle con me. Nonostante tutta l'impostazione sia di tipo inglese, mi sembra che la cultura e tradizione italiana abbiano un forte ascendente su Scott e penso che abbia contribuito a farmi avere il posto di lavoro.

Mentre cerco di capire quale sarà la mia vera mansione all'interno della cucina, chiedendomi come questo mi fa sentire, Scott, alla fine di una serata di lavoro, mi chiede di uscire fuori a parlare. Penso siano le 23 o qualcosa del genere, fa abbastanza freddo e pioviggina:

— Come ti trovi qui Lorenzo? — chiede con un tono che mi sembra sottintenda una domanda successiva.

— Bene, mi trovo bene. — rispondo un po' a monosillabe, perché non so dove vuole andare a parare. O meglio, un po' me lo immagino, poiché passati i giorni di festa, inizierà il tram tram quotidiano ed io sto cercando di capire se mi sento di rimanere lì.

— Devo farti una proposta Lorenzo. — dice Scott — Accetti di restare qui?

— Penso che per un po' posso restare. — replico con fare vago, perché non riesco a capire come questa proposta si inserisca nel mio piano, ma lo chef é più preciso:

— Voglio dire per un anno.

— Beh, pensavo forse a sei mesi. — inizio a tergiversare, perché quel termine mi sembra veramente lungo e non mi fa una bella sensazione. — Voglio andare in Australia. — continuo — Il mio progetto é di restare qui per fare pratica, dare l'esame di inglese per il visto e dopo partire. — spiego.

— Un anno qui é quello che ti ci vuole. — afferma Scott — Poiché devi avere i soldi per andare in Australia, so che li richiedono.

Non ricordo che avere un certo quantitativo di denaro facesse parte dei requisiti richiesti per l'espatrio e non sono molto convinto di quello che mi stia dicendo lo chef, tuttavia mi sento di rispondere:

— Accetto.

— Bene. — dice Scott— Io domani parto per una settimana di vacanza, quando torno parleremo meglio dei dettagli. — conclude.

Entrambi rientriamo in cucina.

Perché ho risposto affermativamente alla domanda dello chef? Perché non ho ancora ricevuto un impulso che mi faccia comprendere chiaramente che non voglio stare qui.

E poi in fondo mi trovo bene, le persone e l'ambiente sono molto validi; ormai sono venuto via da Londra e avendo informato Scott del mio progetto dell'Australia posso starmene qua, senza dover rientrare nel turbinio che ho vissuto là. Diciamo che é fatta, che mi sono stabilito e posso rilassarmi.

Forse pensavo che dicendo allo chef dell'Australia lui avrebbe detto altro e invece ha fatto in modo di dirmi che va bene e l'idea che mi sono fatto della tempistica torna alla perfezione. Coloro con cui ne parlo, familiari e amici, concordano che é una buona offerta e non é necessario nutrire nessun dubbio.

Sembra comunque che in fondo a me rimanga qualcosa di inespresso. Per come ho vissuto recentemente, potrei iniziare a parlare di Ispirazione, come se sentissi che non é tutto qui, che forse c'é altro. Ma non ho ancora sentito quell'impulso che conosco.

Poi avviene qualcosa di inaspettato: ricevo due email per due colloqui e sono tutti e due a Londra. Una proviene da un Grand Hotel dove avevo sperato di fare un'esperienza professionale e l'altro da un Club, entrambi a cinque stelle.

Si ma io mi trovo a Chester, ci vuole tempo per andare a Londra, fare le prove e tutto il resto: dovrebbero incastrarsi in modo tale da permettermi di andare là, fare un giorno la prova in uno e il giorno seguente nell'altro.

Caso vuole che abbia tre giorni di libero e quindi, detto fatto!

Le due possibilità si mettono in fila una dopo l'altra e il giorno dopo parto prestissimo per Londra.

L'occasione sembra essersi affacciata troppo bene per non dargli seguito e tra l'atro ho capito, cosa che un po' sospettano anche in cucina, che lo chef Scott voglia rimpiazzare uno dei cuochi con me. Quindi spero che questo viaggio mi chiarisca le idee per definire meglio la situazione, prima che lo chef mandi via qualcuno anzitempo.

La prima prova la sostengo al Club per la posizione di Pastry Demi Chef de Partie, cioè un assistente del Primo Pasticcere.

Arrivo all'indirizzo un po' in ritardo, il navigatore mi manda dalla parte opposta di Londra per un'omonimia di strada.

Arrivo al Club a servizio quasi ultimato si può dire:

— Dov'eri finito? — mi chiede lo chef Max con tono sarcastico.

Gli spiego la motivazione e poi mi vado a cambiare.

Entro in cucina. Quasi tutti i cuochi hanno terminato il loro turno, ma la chef Pasticcere Jenny é ancora lì, poiché finisce dopo gli altri.

— Pensavamo ci avessi ripensato. — mi dice ironica.

— Ti lascio con lei. — mi dice lo chef Max.

— Bene, grazie.

— A dopo. — dice lo chef ritirandosi nel suo ufficio.

Si può dire che questa di oggi é la vera prima prova che sostengo, poiché nei primi due lavori non l'ho fatta e a Chester lo chef Scott mi aveva valutato solo sulla base delle mie movenze durante il servizio e gli anni di esperienza.

La pasticceria si é ritagliata una piccola sezione all'interno della cucina, mi ricorda un po' quella dell'hotel di Montecatini Terme, nella prima stagione che feci come commis. In teoria dovevo aiutare un po' tutti i cuochi della cucina, ma in genere ero quasi sempre da Giancarlo, lo chef pasticcere. I dolci sono sempre stati la mia passione, fin da piccolo.

— Sei un pasticcere? — mi chiede la donna.

— Si. — rispondo un po' timidamente, poiché le mie ultime performance risalgono a molti anni fa, direi una ventina. Un po' tanti forse per pensare che bastino a definire una vera identità professionale.

Jenny sembra cogliere la mia mal celata insicurezza e mi sprona alla prova:

— Dai allora, facci un dolce.

Detto da lei sembra la cosa più naturale del mondo e lo sarebbe anche per me, se non fosse che sono fuori allenamento da un bel po' di tempo. Ho comunque con me le ricette e spero di riuscire a fare bene un paio di preparazioni, una delle quali mi era stata insegnata proprio da Giancarlo, quell'estate famosa a Montecatini.

Mi sento come buttato nell'arena, devo capire subito dove stanno le cose, i mestoli e il forno. Inizio a pesare gli ingredienti per la pasta frolla e mi sembra che prometta bene, qui il burro é molto buono ed é importante per la frolla. Poi passo a mettere insieme tutto quello che occorre per la crema pasticciera: latte, zucchero, uova e farina e poi… ho un attimo di esitazione: "Ma dove sono i fornelli?" dico tra me.

— Scusi. — dico rivolto a Jenny che, avendo finito il servizio, mi sorveglia da vicino — Dove posso cuocere la crema? — chiedo con in mano la pentola già pronta ad andare sul fuoco.

— Lì sopra. — mi dice indicandomi con il dito qualcosa dietro di me.

Si tratta di una piastra nera che non ho notato, poiché é la prima volta che ne vedo una simile.

— Questa vero? — richiedo un po' goffamente alla ragazza che mi fa cenno, ridendo, di girare una manopola.

Così comprendo come accendere l'utensile e vi pongo sopra la pentola di crema da far bollire.

La manopola che ho girato ha dei numeri, ma per il timore di fare ancora una brutta figura non chiedo nessuna delucidazione e per sbrigarmi penso bene di regolare la suddetta manopola al massimo numero. Nel giro di pochi secondi un odore di bruciato inizia a provenire dal fondo della pentola: "No!" Urlo dentro di me "Ho bruciato tutto!"

Eh si, la piastra in questione, caro Lore, non é altro che una piastra ad induzione, che posta al massimo della potenza credo che sviluppi qualcosa come trecento gradi in pochi secondi!

La chef Jenny se la ride a crepapelle e anche lo chef Max sembra affacciarsi dal suo ufficio per vedere cosa sta succedendo, forse accennando un sorriso.

La disfatta sembra compiersi, ma non posso arrendermi e domando se hanno strumenti un po' meno moderni, visto che manco dalle scene da un po' di tempo e il mondo sembra essersi evoluto non poco da allora.

— Avete anche i fornelli tradizionali per caso? — domando ad uno chef che si trova lì.

— Certo, vieni da questa parte. — mi dice accompagnandomi alla stufa al centro della cucina.

Riesco nel mio intento e realizzo una splendida crema pasticciera. Poi decido di preparare addirittura una mousse al cioccolato, con una storica ricetta francese.

Quando le mie preparazioni sono pronte, Jenny purtroppo se n'é già andata, ma lo chef Max e il suo secondo sono lì, pronti a gustarle.

Con mia grande soddisfazione, ma anche sorpresa, la mousse é fantastica, erano anni che non la facevo. Con la crema e la pasta frolla ho preparato una stupenda Torta della Nonna. Le preparazioni sono venute tutte e due davvero squisite e così chiamo volentieri gli chef per la degustazione. Con mio sommo stupore mi accorgo che non hanno reazioni particolarmente eclatanti. Mi rendo conto, avendo visto tante vetrine di pasticcerie in centro a Londra, che la Torta della Nonna non é qualcosa cui sono abituati, praticamente non é nella loro tradizione e non ne sono rimasti troppo colpiti, nonostante la qualità.

— Prima di cambiarti — dice lo chef Max — Voglio mostrarti il Club, ormai siamo nel pomeriggio e non ci sono clienti in giro.

Accediamo all'interno del Club dal vero ingresso, che stamani, entrando da una porta di servizio, non mi ha fatto rendere conto della bellezza del palazzo storico.

Nella sua hall posso ammirare un arredamento in stile antico, comode poltrone in pelle, caminetti accesi, meravigliosi lampadari e abat-jour, ma soprattutto stupende scalinate con tappeti e muri adornati da giganteschi ritratti di famosi personaggi politici. Raggiungendo il primo piano si aprono ai miei occhi sale da pranzo e da cena nominate con i nomi di altrettante importanti figure storiche come Winston Churchill.

Non so ancora se tornerò qua, ma di certo é già stata un'esperienza indimenticabile.

Per dormire ho trovato un posticino non male, soprattutto perché é economico. Dopo una bella pizza take-away, mi ritiro subito a letto e ben presto scopro il mistero che si cela dietro il prezzo così a buon mercato della stanza: alle cinque in punto vengo svegliato di soprassalto dal passaggio del Tubo. Pare di avere l'Underground nella stanza accanto!

Comunque non fa niente, meglio così, oggi ho la prova al Grand Hotel e sicuramente non tarderò all'appuntamento!

L'entrata del personale di servizio del Grand Hotel si trova su un lato del palazzo stesso, ma prima di entrare ho il tempo di poter ammirare la maestosità dell'entrata principale. Dopo essere stato testimone delle bellezze del Club, mi ritrovo ad entrare in uno dei più eleganti e famosi hotel di Londra, che addirittura contiene un teatro, sale da ballo e camere dalle quali si può godere della spettacolare vista sul fiume Tamigi.

Mi viene da fare un paragone con uno storico Grand Hotel di Montecatini Terme, arredato in stile liberty, che durante i tempi della scuola alberghiera era il sogno di noi apprendisti. Più che altro rievocava i fasti dei grandi alberghi di un tempo, in uno dei quali, presso Viareggio, aveva lavorato anche mio nonno. Stamani al Grand Hotel mi sembra di entrare a far parte di leggende passate, con portieri in livrea, facchini, sarte, fiorai, salone di parrucchiere, tutti servizi che qui sono conservati nel loro splendore, come nel miglior ritratto della Belle Époque.

Attraversando una serie di corridoi, un ragazzo mi accompagna fino agli spogliatoi del personale di cucina e pasticceria. Al suo interno i numerosi armadietti danno già un'idea del numero di persone che vi lavorano. Indosso l'uniforme e mi dirigo verso l'ufficio del capo degli chef della pasticceria, il posto vacante é per Commis Pastry, aiuto pasticcere.

— Buongiorno, sono Lorenzo Sbrinci, sono qui per la prova. — dico rivolgendomi alla donna nell'ufficio che mi hanno indicato.

— Buongiorno, sono la capo degli chef della pasticceria, benvenuto. — mi dice e subito si alza dalla sua scrivania per condurmi nel reparto.

— Farai la prova nella sezione dell'Afternoon Tea. — dice partendo spedita.

Finiamo per arrivare alle cucine, dove la capo chef mi spiega via via i nomi dei reparti:

— Di là c'é la prima sezione della cucina per il servizio colazioni in camera e a seguire tutti gli altri reparti: gli antipasti, i primi, i secondi, fino ad arrivare ad un'altra cucina per il ristorante e così via.

Lancio veloce uno sguardo dove mi ha indicato: decine di uniformi bianche si muovono veloci nelle loro preparazioni. Fantastico.

— Vieni. — prosegue lei — Da questa parte c'é il reparto dei salati, poi laggiù in fondo quello dei ricevimenti, a destra ci sono i fornai e qui c'é il reparto dove farai la prova.

Mi sento un po' frastornato da tutto questo movimento di pasticceri, anche se é uno spettacolo incredibile da guardare.

— Lo lascio a te. — dice la capo chef rivolta ad un'altra donna — Con te Lorenzo ci vediamo più tardi. — mi dice dirigendosi verso un altro reparto.

— Salve, sono la chef pasticciera della sezione dell'Afternoon Tea. — dice la donna.

— Piacere. — le dico cercando di mostrare forza e convinzione.

Devo essere sincero con me, il luogo é fenomenale, ma le sensazioni che ho provato sono di un leggero stress. Molto spesso negli annunci di lavoro mi é capitato di leggere la frase "Capace di lavorare sotto pressione" e devo dire che per la prima volta oggi ne ho un vago sentore.

— Prendi questa ricetta. — dice la chef porgendomi un foglio plastificato, dove sopra vi sono scritte le dosi e il procedimento di un dolce in produzione al Grand Hotel.

"Niente Torta della Nonna oggi a quanto vedo!" Commento fra me. Quando iniziai a inviare il mio curriculum, prima di partire per Londra, successe una cosa particolare: mi venne in mente di associare delle ricette di dolci agli stati d'animo del personaggio di una storia che stavo scrivendo per il libro *Scintille dell'Anima*. La stesura delle ricette però avveniva in inglese. Il famoso chef del ristorante del centro di Londra, dove mi recai appena arrivato, aveva pubblicato un suo libro di ricette davvero eccezionali, che si poteva in parte consultare sul suo sito. La sua opera emanava grazia ed eleganza ed era finita per ispirare il modo di impostare un mio possibile libro di ricette, cosa che feci solo in parte, ma che mi aveva dato modo di praticare le terminologie inglesi, per definire gli ingredienti e i metodi di una preparazione.

23. SINCRONICITÀ

Così, quando la chef pasticciera del Grand Hotel mi affida la ricetta, sono avvantaggiato nella comprensione.

— Lavorerai qui. — continua la donna inserendomi in un tratto del banco da lavoro tra due pasticceri — Puoi condividere con questi ragazzi la bilancia e l'impastatrice, per il forno poi chiamami. Per burro e uova vieni — continua lei indicandomi di seguirla — Ti mostro dove le puoi trovare.

Ci rechiamo al piano terra con l'ascensore e la chef mi lascia davanti alle celle frigorifere, o meglio, alle stanze frigorifere, tanto sono grandi. Mi fanno tornare in mente quando a diciassette anni, appena arrivato nella sezione pasticceria della nave da crociera, fui accompagnato alla grande cambusa. Stamani il Grand Hotel mi appare come un transatlantico dove magari potrò viaggiare per un po' di tempo.

— Prendi quello che ti serve, ci vediamo di sopra. — dice la donna riavviandosi nel reparto.

Torno in pasticceria con l'occorrente e inizio a mettere insieme gli ingredienti. Nel frattempo i fornai preparano i famosi *Scones*, i panini lievitati da servirsi con il tè, che poi verranno farciti con marmellata e la storica *Clotted cream*, che tradotto letteralmente vuol dire "panna rappresa". Gli altri pasticceri invece sono intenti nella preparazione di pasticcini e torte, che sono serviti su eleganti vassoi.

La chef collabora un po' con me parlando dei vari passaggi della ricetta e alla fine inforniamo insieme la preparazione. Poi aiuto dei pasticceri a confezionare delle tartellette al limone con meringa e frutta mista.

— Vieni. — mi dice la chef — Possiamo andare a pranzo ora, la prova é terminata.

Ci rechiamo ad un livello del Grand Hotel dove si trova la mensa del personale. Ci sono un po' tutte le figure professionali: i portieri con la loro elegante divisa, i camerieri, il personale della sicurezza e altri ancora, mi appare come un mondo nel mondo ed é una sensazione davvero affascinante.

A bordo del treno, di ritorno verso Chester, la sensazione é diversa dalla prima volta che l'ho preso. Adesso ho visto un nuovo volto di Londra e sento che mi farebbe molto piacere approfondirlo. Non ho ancora avuto nessun riscontro dalle prove sostenute, ma tornando nella cucina di Chester spero di comprendere meglio cosa voglio fare.

Lo chef Scott é ancora assente e rientrare in cucina senza di lui fa un certo effetto, non é la stessa cosa.

Nel turno che svolgo oggi sono insieme al sotto chef, il quale inizia a farmi vedere quali saranno le mie mansioni specifiche e mi sento un po' perso.

Dopo i fasti dei ricevimenti natalizi l'atmosfera é cambiata, ha assunto un connotato di normalità, mi sta facendo vedere e provare le sensazioni della routine quotidiana. Potrebbe essere in un certo senso rilassante ed inoltre ho comunque accettato la proposta dello chef Scott di rimanere qui. Ma quando torno nella mia camera ascolto meglio le mie emozioni e concludo che questo lavoro non é per me. Non mi sento proprio di ricoprire la mansione che oggi ho compreso meglio essere la mia.

L'impulso a ripartire é forte e mi sento di dirlo subito allo chef Scott. Lo chiamo immediatamente al telefono, ma non mi risponde. Così gli invio un messaggio: "Mi dispiace chef, ma ho capito che non sono fatto per rimanere a lavorare qui, mi é veramente chiaro, mi scusi."

Dopo poco lo chef mi risponde con un suo messaggio: "É successo qualcosa? Sei davvero sicuro?"

"Sento che non posso restare qua" gli rispondo.

"Puoi aspettare che torni settimana prossima?" mi chiede.

"Mi dispiace, ma sento di dover andar via ora. La ringrazio, perché mi sono trovato benissimo" preciso con un messaggio conclusivo.

Lo chef Scott mi ha riservato un'accoglienza straordinaria e mi dispiace aver cambiato idea, ma al tempo stesso sono sollevato, perché la persona che lui voleva sostituire con me é sempre lì al lavoro ed io sento davvero che non sarei riuscito ad andare avanti. Inoltre penso di essere stato di aiuto in un momento che l'Hotel ha avuto tanto lavoro, un po' come aver ripagato l'ospitalità.

Mentre penso di andare ad avvertire il manager, il mio cellulare squilla:

— Lorenzo? — é la voce di un uomo, ma non si tratta dello chef Scott.

— Si, chi parla? — chiedo sorpreso.

— Sono lo chef Max del Club di Londra dove hai sostenuto la prova, volevo dirti che ti offro il lavoro.

— Come dice scusi?

— Non lo vuoi? — dice l'uomo credendo che rifiuti la sua offerta.

Non riesco a credere alle mie orecchie, sono stupito, ma anche contento e devo rispondere subito:

— Si certo, grazie, accetto il lavoro.

Capitolo 24

FOTOFINISH

Una volta ripartito da Chester aggiorno Helen e i miei familiari. Mio padre non é molto contento, secondo lui non mi sono comportato bene. Lo capisco, perché si é immedesimato nella situazione: anche lui si é ritrovato molte volte a dover ricercare personale, soprattutto cuochi ed anche perché si tratta sempre di una parola data.

Arrivato al Club avviene una cosa straordinaria: lo chef Max mi fa avere una camera all'interno della struttura. Avevo sentito dire che a Londra nessuno ti offre l'alloggio e quindi questa possibilità diviene ancora più preziosa.

Metto la mia valigia nel piccolo ascensore di servizio e salgo all'ultimo piano. Nel fine settimana il Club é chiuso, quindi ho tutto il tempo di sistemarmi e riposarmi, pronto ad iniziare al meglio lunedì.

Sono felice di avere i weekend liberi, perché avrò modo di studiare per l'esame di inglese che il visto australiano richiede, anche se per i primi tempi é bene che mi concentri sul lavoro, al fine di avere una piena padronanza della linea da seguire.

Lo chef Max mi ha detto che coprirò la fascia del pomeriggio e della sera, mentre la chef Jenny, che ho incontrato alla prova, copre quello del mattino e del pranzo. I nostri turni si incroceranno comunque per un'ora, così lei potrà farmi vedere i dessert e come servirli.

— Good afternoon. — esclamo entrando in cucina, augurando

buon pomeriggio a tutti. Lo chef Max mi corregge subito facendomi sentire l'esatta pronuncia. Comprendo la sottile differenza e sono in grado di ripetere quell'espressione in maniera esatta.

Da quando sono arrivato a Londra sono sempre stato a contatto con inglesi, i quali mi hanno tra l'altro accolto veramente bene: il Club ne é un'ulteriore conferma. Nel mio peregrinare iniziale per la capitale londinese sono passato anche per alcuni ristoranti italiani, ma non é scattato niente. Quindi mi fa piacere se posso perfezionare la lingua, perché le cucine che sto frequentando - malgrado molti cuochi provengano da ogni parte del mondo - comunque utilizzano sempre l'inglese per comunicare. Inoltre mi prepara per la futura spedizione in Australia, oltre che per l'esame.

— Questo é il menù dei dessert. — spiega la collega pasticciera Jenny — Questi nomi ti suonano familiari? — mi chiede vedendo un po' di imbarazzo da parte mia.

— Non tutti, riconosco il *Parfait* e in particolare il *Crumble:* l'ho visto fare quando lavoravo all'hotel di Chester, ma gli altri mi sono nuovi a dire la verità. — ammetto.

— Non preoccuparti, adesso arrivano gli ordini dai tavoli e ti faccio vedere uno ad uno come li compongo. — mi dice rassicurante Jenny — Stai tranquillo, sono cose semplici, vedrai. Inoltre il più delle preparazioni le faccio io la mattina e a te lascio solo alcune cose da rifinire. — conclude.

La dichiarazione della collega in parte mi rasserena e in parte sento che ha qualcosa che non mi entusiasma poi tanto. Ma attendo di vedere la dimostrazione del servizio dei dolci per capire di più.

Le comande della sala arrivano in pasticceria per mezzo di una macchinetta che stampa l'ordine. Iniziano ad arrivare alcune richieste e la chef Jenny me le legge:

— Un "Parfait all'albicocca" e un "Rocky Road", poi una "Crema al Limone con biscotti" e un "Crumble alle noci con pere calde".

I dessert vengono composti nel piatto, assemblandone i vari componenti, la parte fredda o quella calda, l'elemento croccante o friabile e poi una salsa che ben si abbina al gusto del piatto.

La prima volta che vidi questo modo di servire i dolci fu a Cortina, lavorando in un hotel durante la stagione estiva poco meno che diciottenne. I dolci erano la mia passione e Fabrice, lo chef di allora, comprendendo questa mia propensione, dopo un iniziale tempo in cucina, mi spostò nel reparto di pasticceria. Qui avvenne una cosa sorprendente per me, poiché mettendo in pratica tutti gli insegnamenti che Giancarlo mi aveva dato a Montecatini, alla sera riuscivo sempre a creare una bella selezione di dolci. Erano i tempi dove nel menù alla voce dessert c'era scritto di solito "Dolci al carrello" con il cameriere che in sala, dopo aver mostrato la scelta dei dessert al cliente, ne tagliava una fetta da una delle torte.

Lo chef Fabrice iniziò a parlarmi del modo di servire i dolci "al piatto" già a quei tempi, ma allora non ci fu il tempo di approfondire. Ora lo sto facendo al Club e mi sembra incredibile, perché é come un filo interrotto che finalmente si riallaccia.

Guardando anche come escono i piatti dalla cucina qui al Club, mi rendo conto che sono stato assente dalle scene culinarie davvero un bel po' di tempo. Le portate sono tutte costruite *in verticale*, mentre io me le ricordavo *in orizzontale*. L'esperienza qui all'estero sembra contenere più aspetti al suo interno: oltre a cucina e pasticceria, anche la lingua inglese, con l'Australia all'orizzonte, oltre a tutti i risvolti interiori che vivo. Davvero straordinario.

I giorni passano piacevoli al Club, la brigata di cucina é davvero simpatica e mi trovo molto bene, tuttavia provo sempre quel senso di non troppo entusiasmo per il lavoro nella pasticceria. Sento che mi piacerebbe fare altro, qualcosa di più che lì non avviene, un po' come se questa esperienza mi avesse già quasi dato tutto quello che poteva.

La svolta sembra presentarsi quando vengo richiamato dal Grand Hotel per un altro colloquio, riguardo alla prova che ho svolto.

"Ecco, ci risiamo" penso riferendomi a quello che é avvenuto con l'hotel a Chester.

Ma come faccio a non presentarmi e sentire quello che mi hanno da dire al Grand Hotel? Pur avendo provato delle sensazioni di pressione, dovute anche all'alto livello del servizio, ho visto anche presentazioni magnifiche che mi fanno gola. É un po' come quando iniziai a andare ad imparare la pasticceria da giovane e volevo apprendere sempre più cose.

Così mi presento puntuale al colloquio al Grand Hotel, dove vengo ricevuto da un manager del personale. L'uomo mi fa alcune domande di rito, mi chiede di parlare un po' di me, della mia storia e da dove vengo. Poi mi rivolge la domanda fatidica:

— Stai lavorando attualmente?

Vorrei quasi non rispondere per non dire del Club, poiché mi sembra di tramare nell'ombra, ma le cose stanno così e devo dirlo:

— Si, sono entrato a lavorare da poco al Club non lontano da Hyde Park.

— Sembra un bel posto. — dichiara il manager complimentandosi e complicandomi così un po' le cose.

— Si, é davvero un ottimo luogo di lavoro. — rispondo, testimoniando tutto il buono che provo per il Club, a parte quella sensazione sulle preparazioni che sembrano non entusiasmarmi particolarmente.

— Perché vuoi cambiare e venire al Grand Hotel allora? — dice incalzante l'uomo.

Questo manager sembra voglia torturarmi, come a volermela far pagare per il tradimento commesso a Chester. Ma poi realizzo che sta solo cercando di capire il mio reale desiderio per venire al Grand Hotel e decido di rispondere alla sua domanda, ma celando quella sensazione di preoccupazione che ho provato entrando in pasticceria al primo colloquio.

— Credo che il Grand Hotel sia qualcosa di diverso. Pur essendo il Club un magnifico posto, preferirei lavorare qui. — con questa dichiarazione devo far appello a qualcosa che sento dentro e che é più ricollegabile all'Ispirazione.

Il manager si apre in un grande sorriso. Ha avuto la sua risposta e mi lascia andare. Al che io chiedo premuroso:

— Quando mi farà sapere la risposta?

— Ancora é presto per dirlo. — mi dice in modo candido l'uomo.

— Perché? — chiedo ingenuamente, ignorando il protocollo del Grand Hotel, che viene presto svelato dal manager:

— Deve sostenere altri due colloqui Lorenzo.

— Ho capito, grazie. — mi limito a dire.

Vengo via sbrigativo cercando di far vedere il meno possibile l'espressione di stupore, che iniziava a dipingersi sulla faccia per la notizia degli ulteriori incontri da sostenere e quindi i tempi che si allungano. Dentro di me scattano i rimuginamenti: "Ed ora che faccio con lo chef Max del Club? Devo dirglielo, però potrebbe prenderla male e magari cacciarmi via: che situazione!"

Come si può notare, una volta che le cose hanno preso il via, qua nel Regno Unito, e in special modo a Londra, vanno davvero veloci e si susseguono una dopo l'altra!

Per comprendere meglio la situazione che si sta delineando, ripenso a come sono avvenuti gli ultimi due episodi: sono arrivati tutti e due insieme, ho avuto la possibilità di organizzarmi e tutto si é svolto potrei dire con minuziosa precisione.

Così decido di prendere tempo per capire se sia meglio rimanere al Club oppure, nell'ipotesi che venga assunto al Grand Hotel, essere davvero certo che andarci é proprio quello che voglio.

Sento che devo informare lo chef Max dei colloqui che sto sostenendo al Grand Hotel, ma lascio che sia l'Ispirazione a darmi l'impulso di farlo nel momento giusto.

Nel frattempo, vengo convocato dal manager del personale del Club:

— Salve Lorenzo, come si trova qua da noi?

— Molto bene, grazie.

— Volevo chiederle come stanno procedendo le sue ricerche per un alloggio.

— Un alloggio? — chiedo trasalendo.

— La camera che le abbiamo offerto é soltanto per il periodo iniziale, per permetterle di avere il tempo di trovare una sistemazione.

— Giusto. — mi affretto a dire sommamente — Penso che potrò tornare nell'appartamento dove sono stato quando sono arrivato a Londra. — aggiungo.

— Bene, allora la ringrazio di essere passato da me.

— Grazie a lei. — dico congedandomi frettolosamente.

L'uomo aveva un fare inquisitorio, pareva sapesse cosa stava succedendo con il Grand Hotel e volesse farmi vuotare il sacco. Non avevo compreso che l'alloggio era a termine e sono rimasto molto sorpreso, comunque sempre meglio dell'ipotesi di un interrogatorio, che storia!

Dopo due giorni vengo chiamato per il secondo colloquio con un nuovo manager del Grand Hotel.

L'incontro, che si basa più sugli aspetti lavorativi, mi sembra positivo, ma nessuna risposta e c'é ancora l'ultimo manager da vedere, la cui data é fissata per inizio settimana prossima. In quell'occasione potrei sapere se verrò assunto al Grand Hotel.

Dopo l'ultimo colloquio sostenuto ho sentito più vicina la possibilità di andarci, anche se un po' mi intimorisce devo ammettere.

Pur non avendo ancora certezza dell'esito dei colloqui, sento che devo informare lo chef Max, non posso attendere oltre e appena entro in cucina per il mio turno, vado dritto nel suo ufficio:

— Chef, le volevo dire che dopo aver sostenuto la prova qui, il giorno dopo l'ho fatta anche al Gran Hotel e mi hanno richiamato per dei colloqui.

— Che cosa ti hanno detto?

— Ancora non lo so, devo sostenere un ultimo colloquio la settimana prossima.

—Va bene, tienimi informato.

La conversazione con lo chef Max é andata meglio del previsto, ma non vedo l'ora di vedere l'ultimo manager.

Anche stavolta, aggiornando familiari e amici sulla situazione corrente, ricevo il consiglio di non prendere troppi rischi e che va bene stare lì dove sono.

Helen non commenta le mie scelte, ma é chiaro che prima la mia situazione a Londra si stabilizza, prima lei sentirà di raggiungermi.

Nel weekend approfitto di esplorare la stupenda zona intorno al Club dove ci sono, oltre a Hyde Park, anche attrazioni come Buckingham Palace e Westminster: é una zona davvero stupenda e sono felice di trovarmi nelle vicinanze di simili bellezze.

Finalmente inizia la nuova settimana ed arriva il giorno del colloquio finale.

Mi reco ancora una volta al Grand Hotel, stavolta l'incontro si svolge in un ufficio molto speciale, appartiene al direttore manager. Nonostante la grandezza della struttura e il numero di persone in servizio, mi sembra incredibile che il direttore manager possa fare il colloquio con una persona che aspira alla posizione di commis pasticcere. Eppure é così ed é forse il modo per tenere legato insieme questo posto immenso, contribuendo a farti sentire parte di una grande famiglia.

— La ringrazio del suo tempo. — dice alla fine dell'incontro l'uomo.

— Grazie a lei, é stato un piacere. Quando potrò avere una risposta? — chiedo cercando di trattenere la mia impazienza crescente.

— Il manager del personale la contatterà personalmente, credo a giorni.

— Va bene, la ringrazio. — dico congedandomi.

Quando rientro in pasticceria al Club, lo chef Max mi viene incontro:

— Lorenzo, hai saputo niente ancora?

— No chef, mi dispiace, ancora no. Tra un paio di giorni chiederò.

— Fammi sapere appena ti contattano. — conclude rientrando nel suo ufficio.

Quando sono andato al colloquio con il direttore manager del Grand Hotel speravo in una risposta, ma non é stato così e mi dispiace per lo chef Max. Credo abbia dovuto informare il suo manager riguardo la situazione o forse non l'ha ancora fatto, ma la tensione comincia a salire. Mi sta concedendo tempo e un po' ci può stare, poiché lui é contento di me e se il Grand Hotel non mi assume io posso rimanere qui. Ma il comportamento dello chef Max mi appare anche come un aiuto in questo viaggio, come lo é stato quello dello chef Scott di Chester.

Passati un paio di giorni chiamo il manager del personale:

— Salve, sono Lorenzo Sbrinci, per la posizione di commis pastry, ci sono novità?

— Salve Lorenzo, non ho ricevuto ancora nessuna comunicazione purtroppo.

— L'ho chiamata perché ho informato il Club del mio colloquio con voi e non volevo farli attendere troppo.

— Mi dispiace, ma non posso fare di più al momento, l'ambiente é grande e ci sono tante persone da vedere e considerare, quindi i tempi sono un po' più lunghi del normale.

— Capisco, va bene, grazie.

É chiaro che, avendo detto allo chef Max dell'opportunità del Grand Hotel e non avendo ancora ricevuto risposta, la situazione inizia a farsi incalzante. Comprendo che l'ingranaggio del Grand Hotel é in moto e va alla sua velocità, eppure quest'attesa mi fa chiedere se io stia facendo resistenza, non permettendo la realizzazione di questo desiderio al cento per cento.

Rivolgendomi la domanda "Cosa voglio?" posso capire quanto sono allineato al mio desiderio. La sensazione di tensione percepita durante la prova al Grand Hotel ha generato un po' di insicurezza in me e rischia di essere un ostacolo, oltre che a farmi andare avanti con qualche perplessità. Tuttavia sento che potrei avere l'occasione di imparare molte cose, mentre il Club mi appare come una situazione più comoda e meno eccitante.

Sento che sto definendo meglio il mio focus e ho già visto la sua importanza con quello che é avvenuto a Chester. Se riesco a mettere da parte gli indugi prodotti dalla sensazione di stress al Grand Hotel, e lo posso fare sentendo che appartengono a qualcosa che si verificherà una volta lì, senza temerli perché li gestirò nel momento in cui si manifesteranno, questo mi sarà di grande aiuto per la direzione che voglio prendere.

É venerdì e prima di scendere in pasticceria per il mio turno controllo le mail: "Niente da fare, non é ancora arrivata nessuna notizia" commento deluso fra me.
Passo dalla lavanderia del Club per prendere un nuovo grembiule ed appena metto piede in cucina lo chef Max mi arriva davanti:
— Lorenzo, stasera devi darmi una risposta in tutti i modi. Non posso concederti altro tempo.
— Va bene chef. — rispondo veloce. Max scompare nel suo ufficio ed io entro in pasticceria.
É chiaro che stasera, in un modo o nell'altro, una decisione verrà fuori. Il countdown é partito. Devo assolutamente contattare il manager del personale al Grand Hotel, ma devo finire il servizio del lunch prima.
La macchinetta degli ordini emette le ultime comande: "Due creme di limone e biscotti e due Crumble Tart". Mentre finisco di eseguire le richieste arrivate in pasticceria, controllo il cellulare per vedere se mi sono arrivate notizie, ma non ho linea e devo uscire fuori. Invio i dessert alla sala e poi imbocco veloce la scala che porta all'uscita di servizio, la cucina si trova sotto il livello della strada. Riesco ad avere un po' di segnale, scarico la posta, ma non ci sono mail da parte del Grand Hotel. Devo chiamare, sperando che il manager sia sempre in ufficio:
— Pronto? Salve, sono Lorenzo Sbrinci. — esclamo concitato.

— Lorenzo, mi dispiace, ma…

— Ascolti, devo avere una risposta entro oggi pomeriggio, perché altrimenti sarà troppo tardi, lo chef del Club mi ha dato un ultimatum…

— Ma sono quasi le 15,30 ed é venerdì, non so se avrò il tempo…

— Faccia il possibile, ci tengo a venire al Grand Hotel, se anche voi volete che venga lì lo devo sapere. Ci sentiamo appena possibile, grazie.

— Va bene, provo a fare del mio meglio. — conclude il manager.

Torno di corsa in pasticceria, anche perché siamo a fine gennaio e fa piuttosto freddo fuori.

Sono consapevole che il manager ha veramente poco tempo per rintracciare chi di dovere per darmi la risposta. Penso che gli uffici rispettino gli orari canonici del sacrosanto venerdì e quindi ci troviamo proprio al fotofinish, ma cerco di mantenere la concentrazione.

Faccio partire il lavaggio automatico del forno, poi inizio a spostare gli alimenti nella cella frigorifera per la consueta pulizia del venerdì. Consulto l'ora: quasi le 16,15, diamine, devo andare a chiamare o non troverò più nemmeno il manager!

Risalgo velocissimo le scale verso l'uscita che porta ad una piccola corte esterna e compongo veloce il numero del manager del personale del Grand Hotel:

— Pronto? — dico un po' nell'affanno.

— Che mi dici Lorenzo? — ribatte il manager.

— In che senso? — chiedo stupito.

— Ti ho inviato una mail proprio cinque minuti fa.

— Non avevo linea, cosa hanno detto?

— Hanno detto di si. Puoi venire al Grand Hotel, accetti?

— Si, accetto! — rispondo veloce — Grazie mille.

— Rispondi alla mail per accettare, così é ufficiale. — spiega il manager.

— Va bene, grazie ancora e buon weekend.

Scarico la posta e rispondo veloce all'offerta del manager, poi tornando di corsa in cucina mi dirigo nell'ufficio dello chef Max:

— Ho ricevuto l'offerta dal Grand Hotel ed ho accettato.

Max mi fa un sorriso:

— Va bene Lorenzo, capisco, é un posto fantastico e potrai imparare molte cose. Quando dovresti cominciare?

— Potendo, anche lunedì prossimo. — dichiaro come a chiedergli un ultimo favore.

— Non preoccuparti, vai pure e se hai problemi, torna qui da noi.

— Ti ringrazio tantissimo, davvero.

Esco dall'ufficio e vado a finire la pulizia della cella frigorifera, stupito dalle parole dello chef Max.

Sono felice per quello che mi ha detto ed anche sereno per lui, perché la posizione che ricoprivo qui al Club é facilmente gestibile dagli altri chef, cosa che facevano prima che io arrivassi. Mi appare incredibile, nel preciso momento che ho deciso di venire via da Chester, si é aperta la possibilità del Club e ora quella del Grand Hotel, per farmi percorrere una nuova tappa di questo viaggio, dove sento sempre più di essere estremamente supportato.

Capitolo 25

FINALMENTE

All'interno del Tubo l'altoparlante annuncia il nome della stazione di Leytonstone. Sono contento di ritornarvi, é solo che ha fatto una bella nevicata e devo raggiungere la casa con le valigie. Mi ci voleva Aadi con la sua mitica auto gialla! Lo rivedrò la settimana prossima, poiché per questa era al completo, ad ogni modo la casa che ho trovato non dista molto da lui.
Helen sarebbe felice di trovarsi qui, a lei piace molto la neve. Anche io lo sarei, perché vorrebbe dire che ho ottenuto un po' di stabilità e potremmo stare di nuovo insieme con maggiore serenità. Meglio però che non sia ancora venuta, il nuovo appartamento non mi piace molto. Comunque é solo per pochi giorni e dopo domani inizio al Grand Hotel!

La settimana ha inizio e così eccomi di nuovo sparato nel Tubo della linea centrale, proiettato verso una nuova esperienza. La mia rinnovata e mai sopita passione per la pasticceria riesce a dare colore e passione a tutto quanto, a veicolare una forza che, per me che quasi non vorrei trovarmi qua per poi andare in Australia, é davvero decisiva.
A questo si affianca anche l'Ispirazione, la mia parte interiore, che mi comunica con chiarezza cosa é meglio per me, aiutandomi a capire e sentire la bellezza e l'importanza di questo viaggio, che altrimenti rischierei di minare con dubbi che non mi appartengono più ormai. Poiché mentre mi reco da qualche parte, entro e scendo

dal Tubo, faccio un colloquio o cammino per strada, sento che qualcosa in me é profondamente soddisfatto e gode pienamente di quello che vivo, tralasciando completamente pensieri ormai obsoleti che vorrebbero dirmi che questo o quello non va bene.

Riemergo dall'Underground in nuova nuova stazione poco distante dal Grand Hotel. Il tempo di fare colazione in uno dei *Café* dove non tornavo da un po' e mi dirigo verso il lavoro. Quando tornerò nella casa di Aadi devo trovare il coraggio di entrare in cucina: voglio cominciare a fare la spesa e prepararmi da mangiare.

Dall'entrata di servizio del personale del Grand Hotel mi dirigo alla lavanderia per ritirare l'uniforme ed é qui che la riporterò una volta sporca. Nel loro piccolo, anche l'hotel a Chester e il Club fornivano questo servizio, davvero prezioso. Ma il reparto lavanderia più memorabile fu quello sulla nave da crociera dove lavorai a 17 anni: ricordo che scendevo alcune rampe di scale, poi proseguivo per un corridoio in fondo al quale, tra i fumi dei vapori delle stiratrici, spuntavano dei cinesi tra l'infinita biancheria: troppo buffi.

Esco dagli spogliatoi del Grand Hotel vestito di tutto punto dirigendomi verso il reparto di pasticceria. Ritrovarsi a lavorare qui fa un certo effetto, si sente di essere parte della storia: da qua sono passati i grandi nomi della politica e dello spettacolo del secolo scorso ed anche famosi chef e albergatori della Belle Époque.

— Buongiorno a tutti. — dico appena arrivo nel reparto.

— Buongiorno Lorenzo — dice la capo sezione dell'Afternoon Tea

— Vieni, ti mostro i tuoi compiti. — continua accompagnandomi nella zona dove svolgerò le mie mansioni.

Nella prima parte della mattina mi dedico agli éclairs, i lunghi bigné che farcisco con crema e rifinisco con glassa fondente di zucchero aromatizzato colorato. É un bel lavoro, anche se mi impegna dal punto di vista della tempistica, poiché ci sono anche gli altri pasticcini che devono essere pronti prima dell'inizio dell'Afternoon Tea e devo andare veloce. In pratica al mattino c'é l'assemblaggio di tutti i vari tipi di pasticceria mignon e poi nel pomeriggio ci dedichiamo alla preparazione delle basi, comprese alcune torte che sono sempre sul menù.

Devo considerarmi privilegiato, primo perché in molti vorrebbero lavorare qui e secondo perché il Grand Hotel sembra potermi garantire stabilità. Nel colloquio sostenuto con la capo chef, mi aveva chiesto se avevo delle date fissate per vacanze o altro. Le avevo risposto che ne avevo almeno due, il matrimonio di mio fratello e quello del fratello di Helen. Si era appuntata le date senza problema, stabilendo così una programmazione che copre un arco temporale di circa tre mesi, quindi mi sembra un bel passo in avanti, rispetto a quanto avvenuto nei precedenti posti di lavoro.

C'é molto da imparare e probabilmente ciò può soddisfare il mio desiderio di conoscenza, potenziare il mio curriculum, fornendomi un eccellente biglietto da visita per l'Australia.

Tutto questo mi porta a pensare di poter dire ad Helen che presto potrà raggiungermi a Londra, così da stare insieme fino a quando decideremo di volare alla volta del continente oceanico.

Il rapporto di lavoro con i colleghi pasticceri é di grande collaborazione, siamo davvero un bel gruppo e per di più internazionale, con ragazzi che provengono da Brasile, Polonia, Francia, Irlanda, Scozia, Germania, Giappone e Cina.

Nella mattinata uno dei due fornai mi chiede sempre di cantare l'aria di una famosa opera di un compositore italiano. Io lo assecondo volentieri, stando sempre attento a non esagerare con il folklore. Basti pensare che, quando starnutisco o rido, talvolta mi sembra di provocare un piccolo shock nei colleghi inglesi, perché oltrepasso lo standard dei decibel cui sono abituati e subito dopo c'é un momento di silenzio generale.

Quindi le giornate di lavoro passano bene, se non fosse che facciamo orari lunghi e sento che la mia età si fa sentire, sia in termini di resistenza che di riflessi. Mi é stato molto chiaro qualche giorno fa, quando sono arrivati degli stagisti freschi di scuola alberghiera di un distretto di Londra: definirli *scattanti* é dire poco. Al che mi sono detto: "Lore, anche tu eri così agli inizi, é la vita, puoi contare sulla tua esperienza e la manualità che hai consolidato nel tempo adesso". Mi era sembrata una valida dichiarazione, purtroppo durata solo pochi minuti e crollata nella dimostrazione del porzionamento a forma di palline della *clotted cream* inglese:

— Vedi — dico con nonchalance ad una giovane pasticciera — Utilizzando questo speciale cucchiaio raccogli la crema e poi gli dai uno stacco in modo che la forma resti bella rotonda — aggiungo.

— Va bene, ho capito. — replica secca la giovane, come per dirmi che ho fatto una lunga introduzione per una cosa da niente.

La ragazza si cimenta nella formazione della prima pallina e non le viene perfetta, al che io subito intervengo:

— Non preoccuparti, all'inizio ci vuole un po' per imparare e prendere il via.

Ma la ragazza non mi degna nemmeno di uno sguardo e prende a formare una seconda pallina che le viene perfetta, poi un'altra e un'altra ancora, tutte perfette. Rimango letteralmente basito. Io ci ho messo giorni per farle in quel modo! "Forza Lore, coraggio."

Tutte le preparazioni che vengono svolte al Grand Hotel sono tecnicamente molto valide, però mi trovo di fronte a qualcosa che non mi potevo immaginare e cioè l'uso di alcuni ingredienti, come liquori o gel, ai quali non mi sento collegato. Mi ricordo che quando frequentavo l'istituto alberghiero andavo ad imparare il mestiere in una pasticceria di Prato e i profumi che provenivano dal laboratorio, ancora prima che vi entrassi, erano per me qualcosa di divino. Era come se quei sapori fossero una parte di me, qualcosa di naturale. Così, trovandomi di fronte a quelle sensazioni nuove e strane, mi sento di non appartenere al luogo in cui mi trovo e alla sua cultura culinaria. Penso sia la difficoltà del cambiamento, di incontrare qualcosa a cui non si é abituati e che non piace e che può far sentire smarriti, o per lo meno a me da' questa sensazione.

Léon, il capo pasticcere francese entrato al Grand Hotel poco dopo di me, sapendo che sono Italiano, un giorno mi chiede:

— Lorenzo, ti piace quello che facciamo qui?

— Non tutto chef, mi sento scollegato da molti sapori. — ammetto. Lui comprende quello che ho voluto dire, ma nel tipo di ambiente lussuoso in cui ci troviamo, la mia asserzione potrebbe quasi essere considerata un'offesa.

É la comprensione di una cultura diversa, uno dei tanti aspetti del mio viaggio di scoperta.

Poi ci sono altre preparazioni che mi hanno sorpreso. Le classiche torte che facciamo sono quanto di più iconico ci possa essere a livello di bandiera inglese, con ingredienti che hanno qualcosa di più ricco rispetto a quelli a cui sono abituato. Il burro e la panna, per esempio, sono incredibilmente corposi e da ciò inizio a comprendere meglio la natura di certi dolci tradizionali come il famoso Victoria Sponge, che in Italia potremmo paragonare ad un Pan di Spagna farcito di panna e marmellata, ma che ha per ingrediente principale nell'impasto della base proprio il burro, che qui ha una capacità di montare straordinaria, unito alle uova che vanno aggiunte mano a mano, anch'esse molto speciali. Inoltre la farcitura, eseguita montando la doppia panna con aggiunta di zucchero e vaniglia, é qualcosa di sensazionale, proprio per la straordinaria corposità della materia prima. Certo, questa come altre ricette sono preparazioni molto ricche, ma lo sono anche in virtù del clima che c'é qui e che richiede più sostanza nelle ricette, che ben si possono apprezzare proprio per queste particolari condizioni climatiche.

Il tema del clima porta con sé l'aspetto della minor presenza della luce del sole qui a Londra ed io che sono Italiano me ne accorgo. Comunque, visto i lunghi orari che facciamo in pasticceria, in genere entro al mattino presto per uscire tardi la sera, sembra che non abbia molto tempo per notarlo, chissà se alla lunga potrà fare la differenza.

Sul piano fisico sento di accusare un po' di stanchezza e ciò mi porta ad avere meno concentrazione. Le conseguenze sono arrivate qualche giorno fa, mentre mi trovavo a cuocere un grande quantitativo di crema di limone. Avevo la pentola con il composto di base sulla piastra a induzione e ne misuravo la temperatura continuando a girare con la frusta. A parte avevo pronto il burro a cubetti che avrei aggiunto successivamente. La capo pasticciera si avvicina e nota qualcosa di strano:

— Lorenzo, il colore della crema ha qualcosa di inusuale, non mi sembra come sempre.

Non ricordo bene, forse era la prima volta che la facevo e non raccolgo subito il suo avvertimento.

— Continua a girare con la frusta, poi quando devi aggiungere il burro chiamami. — mi consiglia un po' preoccupata.

— Va bene chef. — rispondo in maniera tranquilla, non so capire a cosa la sua allusione possa riferirsi.

Arrivo alla gradazione voluta e tolgo dal piano cottura la pentola. Metto il composto in un contenitore capiente per farlo calare di temperatura. Quando é pronto, chiamo la chef:

— Possiamo mettere il burro. — le dico.

— Fammi vedere... — afferma con circospezione — Il colore non é cambiato, metti qualche cubetto di burro. — consiglia.

Io verso un po' di burro, ma la Chef mi ferma:

— No aspetta, il colore non cambia, non dovrebbe essere così. — dice allarmata — Sei sicuro di aver pesato correttamente tutti gli ingredienti?

— Si, credo di si. — dico con fare scontato, poiché non ho proprio idea di cosa possa aver sbagliato.

— Ripercorriamo la ricetta in tutte le sue parti, voglio capire cos'é che non va. — dice seria la chef.

— Dunque... — ripercorrendo la cronologia degli ingredienti — Ho messo queste uova, questo quantitativo di zucchero e poi c'é il succo. — dichiaro, ancora certo di non aver sbagliato niente.

— Ecco l'errore. — dice secca la chef impugnando le bottiglie che contenevano il succo in questione.

— Accidenti! — esclamo accorgendomi della clamorosa svista.

— Hai sbagliato i quantitativi del succo, come hai fatto? — chiede esterrefatta la donna.

— Non so davvero, mi spiace, mi sono proprio confuso. — ammetto costernato.

— Possiamo rifarla, però devo dirti che ciò che é accaduto mi fa preoccupare. — dice la chef.

Ci mettiamo insieme a rifare la crema e noto meglio la differenza di colore con la precedente. Fino ad allora era andato tutto piuttosto bene e mi dispiace perché sono stato costretto a buttare via il composto sbagliato. É un errore che ci può stare, poiché sono inesperto di quella ricetta, ma potevo controllare meglio.

Torno a casa un po' abbattuto, ma anche consapevole che la stanchezza ha finito per incidere negativamente in questo episodio.

Sono felice di essere al Grand Hotel, ma le diverse ore di straordinario che facciamo ogni giorno, alla fine si fanno sentire. C'é anche da dire che l'assenza dai ritmi della ristorazione ha contribuito a farmi perdere un po' di allenamento ed inoltre i tre anni dedicati a scrivere e promuovere libri, mi ha fatto conoscere una realtà molto piacevole, scandita da un andamento più rilassato e che trovo mi si addica di più.

La sezione di pasticceria del Grand Hotel é sicuramente più moderata del reparto ristorante, lì c'é da svolgere il servizio e si deve andare ancora più veloci. Però nonostante tutto risento di un po' di stress anche in pasticceria, e dire che é soltanto un mese e mezzo che sono qui. Diciamo che é arrivato il momento di staccare un po' la spina, il primo volo per l'Italia é per dopodomani. Il matrimonio é stato spostato al mese prossimo, ma visto che avevo fissato i voli, mi hanno concesso lo stesso questo permesso. La chef é stata davvero magnanima visto quello che ho combinato!

Così oggi entro in pasticceria per l'ultimo giorno prima della vacanza. Riempio i miei éclair, poi inizio a glassarli con il fondente color viola.

— Presto Lorenzo! — mi sprona la chef — Sei un po' in ritardo stamani.

— Va bene chef. — replico come per tranquillizzarla, ma ho scaldato troppo la glassa di zucchero e perdo un po' di velocità. — Dannazione! — esclamo.

Non so, forse mi sono già rilassato sapendo che domani parto o forse sento di più lo stress, sta di fatto che faccio un po' di fatica.

Una volta fatti gli éclairs passo a prendere le tartellette, la crema e la frutta, sfrecciando tra i colleghi. Credo sia un giorno particolarmente indaffarato anche per loro, insomma é tutto un corri corri e ripeto fra me: "Troppo pressione, troppa pressione". Nell'atto di recuperare tempo cerco di velocizzarmi più che posso, ma non é il momento giusto, perché sto tagliando la frutta e il coltello che sto usando é noto per la sua efficacia ed infatti... Zac!

— Ah!!! — esclamo. Mi sono inciso la parte superiore del pollice. Butta sangue come una fontanella. Corro subito a prendere della carta per bloccare il flusso, ma non sembra diminuire molto.

— Devo andare a farmi medicare! — dico un po' nel dolore.

— Devi restare qui a lavorare! — dice qualcuno.

Lo chef Léon mi viene in soccorso bendando meglio che può la ferita e riuscendo a bloccare il sangue. Ribatte a quelle parole proferite da qualcuno:

— Sta ancora sanguinando! — poi si rivolge a me — Vai giù nel reparto mensa e vedi se si ferma.

Non me lo faccio ripetere due volte, anche perché se rimanevo lì avrei risposto male a quello che non voleva che abbandonassi il posto.

Scendo giù nei locali antistanti la mensa e mi siedo. Un uomo della sicurezza mi vede:

— Chef, cosa é successo? — chiede.

— Mi sono appena tagliato. — gli rispondo.

— Vieni con me, c'é da seguire la procedura.

Mi porta nel suo ufficio facendomi le foto e stendendo un verbale dell'accaduto.

— Meglio se vai a farti vedere all'ospedale. — mi consiglia.

— Va bene, grazie. — gli dico, contento che qualcuno abbia compreso la situazione.

Ritorno su in pasticceria e spiego alla capo chef quello che mi ha detto l'uomo della sicurezza. Sul pollice sono stai messi dei cerotti, ma sembra che butti ancora un po' di sangue. La chef mi accorda di assentarmi e vado subito all'ospedale.

Uscendo dal Grand Hotel mi dirigo verso un ponte non troppo distante e da lì raggiungo a piedi l'ospedale, dove mi medicano.

Quando esco ho il pollice fasciato, mi hanno messo dei punti e una benda che tiene il braccio, con il pollice medicato, all'altezza del cuore. Mi sento meglio e attraversando il ponte, irradiato dalla luce di un bel sole mattutino, inizia a formarsi in me l'idea che forse non é più il caso di restare a lavorare al Grand Hotel.

Rientro in pasticceria e mi dirigo dalla capo chef:

— Chef, all'ospedale mi hanno detto che sarebbe meglio stare assente dal lavoro qualche giorno.

— Cosa? Nemmeno per sogno! — esclama severa.

— Penso che in Italia… — mi affretto troppo presto a commentare.

— Qui siamo in Inghilterra! — dice stroncando la mia ipotesi — Visto che domani torni in Italia, quei giorni ti faranno da convalescenza. Ora vai pure. — conclude la chef.

"La sincronicità, che cosa meravigliosa" penso. Meno male che ho questi giorni!

Dopo circa tre mesi e mezzo che sono partito, finalmente posso rivedere Helen e lei può venire con me quando tornerò a Londra, poi vedremo dove ci porta questo viaggio.

Capitolo 26

POSTER

Sul pullman che mi trasporta verso l'aeroporto inizio a rilassarmi. Gli ultimi giorni al Grand Hotel sono stati indubbiamente impegnativi. Potrei dire "Era meglio rimanere al Club?" No, sono contento così, ho già visto e imparato tante cose ed é davvero un posto che ha qualcosa di magico. Una settimana fa, aiutando un collega a portare degli *Scones,* i panini per l'Afternoon Tea, ne ho avuto conferma.

— Vieni Lorenzo, lasciamo gli Scones su quel tavolo. — mi dice il collega appena arrivati nel corridoio antistante il Foyer dell'Afternoon Tea — Lorenzo? — mi richiama, perché ha visto che non ho potuto fare a meno di guardare nei vetri delle porte saloon, che lasciano intravedere la magnifica sala dove si sta svolgendo l'Afternoon Tea. Il collega, vedendo che ne sono abbagliato:

— Vorresti entrare? — domanda.

— Possiamo? — chiedo speranzoso.

— Certo, gli Scones li portiamo direttamente noi alla postazione dei camerieri. Vieni. — mi dice facendomi un cenno a voce bassa.

Così entriamo e subito mi sento trasportare dalle dolci note del pianista all'interno di un gazebo in stile Liberty, al di sopra del quale una stupenda cupola vetrata irradia luce naturale nella sala. L'arredamento e gli elegantissimi camerieri contribuiscono a creare un'atmosfera incantevole, dove i pasticcini che produciamo mi appaiono come fiori colorati da assaporare, dentro una cornice da sogno dove la pasticceria mi ha sempre trasportato.

Il volo aereo per Pisa non impiegherà molto per arrivare a destinazione, ma in termini di spazio temporale, per le esperienze che ho vissuto, mi appare più lungo. É come se tutte le cose compiute finora stessero viaggiando con me e mi facessero sentire più ampio. Il fatto che niente sia scontato crea una dimensione particolare.

All'aeroporto, Helen mi viene incontro. Ci scambiamo un abbraccio lunghissimo, sembra quello che ci siamo dati la sera del nostro primo bacio e come allora anche adesso pare dire: "Finalmente, dov'eri stato tutto questo tempo?"
— Come stai Lore? Fammi vedere il dito. — chiede Helen.
— Eccolo qui. — dico mostrandole il pollice — Va molto meglio adesso. E tu, come stai? — le chiedo.
— É stata un po' lunga questa attesa. — ammette.
Helen riesce sempre a comunicare un ampio messaggio con poche parole. Non é solo al tempo che si riferisce. La conosco, so che tutti questi sali e scendi, o come li chiamo io *colpi di scena*, non l'hanno fatta stare tranquilla, nel senso che ogni volta vedeva un po' sfumare la possibilità di andare in Australia, un desiderio al quale tiene tantissimo.

A casa le famiglie ci accolgono festanti. É particolare rientrare tra le mura domestiche, in quella casa che mi ha visto nascere, sapendo poi di ritornare verso una destinazione che sta diventando testimone della nascita di un nuovo me.

Helen ed io approfittiamo volentieri di questa pausa per stare con i familiari, ma i giorni a disposizione non sono molti e dobbiamo prepararci per la partenza, stavolta però insieme.
Sono abbastanza contento di come vanno le cose a Londra, ma

chiaramente un po' meno orgoglioso della casa. Anche se Aadi e sua moglie sono molto gentili, si tratta pur sempre di un'abitazione di fortuna. Io ultimamente mi sono adattato, però tornarci con Helen mi fa un po' effetto.

All'inizio della nostra relazione lei venne ad abitare da me, nella casa che avevo da poco acquistato a Pistoia, un piccolo appartamento del quale ero molto orgoglioso, che ristrutturai completamente e tornò come nuovo. Prima di trovarlo, però, avevo visto altre abitazioni e un paio di volte mi ero sentito proprio male ad entrarvi, viste le loro pessime condizioni e mi era parso che, con i soldi che avevo, non potessi permettermi di più. Ricordo che all'interno di una di queste case dissi fra me: "Dio mio, come sono caduto in basso". Ma poi saltò fuori l'appartamento che dopo ristrutturai, che costava gli stessi soldi e che si trovava tra l'altro a due passi da dove abitavo in affitto e con il medesimo numero civico 11: un'interessante coincidenza. Nonostante fosse molto piccolo rispetto agli altri appartamenti del palazzo, lo arredai così bene che anche i condomini che stavano ristrutturando i loro, mi fecero i complimenti, pur avendo residenze assai più lussuose.

Ero approdato a Pistoia dopo aver venduto la casa dove avevo abitato con la prima moglie e, quella piccola abitazione, non era solo bella, mi aveva donato nuovamente dignità.

Così la casa di Londra mi ricorda le abitazioni che non mi erano piaciute e quello stato d'animo un po' sopraffatto di allora, che produce in me la dolorosa sensazione di essere ripartito da zero.

Il nostro aereo decolla: mi appare come una propulsione verso il futuro. C'é ancora molto da fare, ma fino ad ora sta andando bene, le mie incertezze iniziali hanno lasciato il posto ad un sentimento più fiducioso e poi a Londra le possibilità sono veramente tante. Al mio ritorno al Grand Hotel vedrò come mi sento, mi piacerebbe dare ad Helen il tempo di ambientarsi e decidere cosa fare, senza troppi scossoni.

Dall'aeroporto di Stansted prendiamo il bus fino alla stazione di Stratford e poi nel Tubo per raggiungere Leytonstone.

— La casa non é molto lontana. — dico ad Helen una volta fuori dall'Underground, incamminandoci verso l'appartamento.

La strada é costellata di alberi su entrambi i lati e il quartiere si presenta bene.

— Eccoci qua. — dico aprendo la porta di casa e facendo strada al suo interno — Questa é la nostra camera e qui accanto c'é il bagno.

— dico con un po' di apprensione.

Forse sono più io che mi faccio problemi. Helen ha una voglia tale di andare in Australia che non pensa ad altro e si vede praticamente già là.

Devo dire che anch'io mi adatto bene, d'altra parte se sono riuscito a resistere ai topini che mangiucchiavano gli spaghetti di notte, erroneamente messi nel piccolo scrittoio-credenza della camera, e lo shock subìto per aver visto quanta gente usciva la mattina da sotto la casa, abitando nel seminterrato, si può dire che me la cavo piuttosto bene.

Indossiamo i nostri pigiami ed entriamo nel letto matrimoniale per la prima notte insieme a Londra e vivere finalmente un po' di intimità.

— Quanto tempo Lore che non ci vediamo… — sussurra Helen nel buio della stanza.

— Eh si, davvero un bel po'… — replico anch'io.

Dentro di me una voce sembra dire: "É tutto vero?"

Con Helen, facendo dei tour in centro a Londra, ci riprendiamo il tempo che abbiamo perso. Come prima cosa la porto al Grand Hotel e da lì raggiungiamo a piedi, camminando lungo il Tamigi, le altre attrazioni come il Big Ben e Westminster, fermandoci poi a cena in locali caratteristici.

Pensare che eravamo già stati insieme anni fa a Londra, in una gita durata un solo giorno. Arrivando con il primo aereo proveniente da Pisa il mattino presto, consumammo una colazione tipica inglese con tanto di uova, bacon, fagioli, pomodori e patate. Quindi partimmo alla volta del centro spaziando da quartieri come Portobello Road ed altri e ci riuscì anche assistere ad un musical! Poi una cena veloce a Piccadilly Circus e via di corsa a riprendere l'aereo. Era abbastanza consueto per noi fare delle mattate così a quei tempi, ma adesso é come essere ad un altro livello: sembra di vivere quella giornata di allora quasi tutti i giorni!

Rientro al lavoro e ricomincio con i miei pasticcini, éclairs e tutto il resto.

Helen incuriosita dai miei racconti sul Grand Hotel, mi fa una sorpresa.

— Lorenzo. — mi dice lo chef Léon all'improvviso un pomeriggio
— Devi andare subito nel reparto cioccolateria vicino al Foyer.

— Come mai? — gli chiedo.

— Tua moglie é venuta a trovarti. — dice sorridente.

— Ok chef, vado subito, grazie. — replico felice.

— Falle assaggiare almeno un po' di cioccolata, mi raccomando!
— mi intima gioioso da lontano.

— Va bene! — rispondo correndo verso il reparto, che tra l'altro non mi é ancora capitato di vedere.

Arrivo al Chocolate Shop all'interno del Grand Hotel ed é straordinario, perché ci sono gli chef che lavorano la cioccolata a vista, confezionando deliziosi cioccolatini.

— Amore! — Helen é lì e non mi sembra vero, siamo a Londra e in viaggio per l'Australia. Dentro di me penso: "É valsa la pena venire fin qui, anche solo per vivere questa scena".

Helen inizia ad organizzarsi dei colloqui come educatrice privata a Londra. Dopo un paio di incontri ha una realizzazione:

— Lore non sono molto soddisfatta delle offerte di lavoro, ho trovato delle posizioni che sono ben più pagate…

— Quanto?

— Almeno il doppio.

— E dove sarebbero?

— Emirati Arabi.

— Helen, vuoi andare in Arabia? — chiedo sorpreso.

— Devo dire che l'idea mi affascina. — replica lei sorridendo.

Non c'é che dire, la gioia di tornare in Australia sta davvero galvanizzando Helen, aprendole porte ovunque: è la forza dell'entusiasmo.

— A me devo dire che preoccupa, invece. — replico secco.

— Nell'annuncio si dice che l'alloggio privato si trova all'interno della casa e quindi é sicuro.

— Mah… non so.

— Abbiamo molte spese da sostenere per andare in Australia e poi sento che mi piacerebbe, non l'ho mai fatto! — dichiara con forza Helen.

Nonostante i miei dubbi sull'esperienza, tutto sommato notare che una vena di pazzia ce l'ha anche Helen, in questo momento mi appare una fortuna. In questo viaggio mi sto prendendo la libertà di scegliere cosa é meglio, ed é giusto che lo faccia anche lei.

— Se ci tieni a fare questa esperienza, va bene. — le rispondo — E visto che siamo ai colpi di scena, ne propongo uno anch'io...

— Sarebbe?

— Voglio lasciare il Grand Hotel.

— Perché?

— Sento che é troppo impegnativo per me e poi facendo tante ore di lavoro non mi resta il tempo per studiare per l'esame di inglese, quindi andare avanti così non serve. — dichiaro.

— E cosa hai intenzione di fare?

— Dare le dimissioni per poter seguire un corso di inglese a Londra. Nel frattempo cercherò un altro lavoro per dopo che avrò dato l'esame.

— Un po' mi preoccupa... — ammette Helen.

— Sento che devo fare così. — dichiaro abbastanza categorico.

É già un po' che penso di lasciare il Grand Hotel e due giorni fa mi è arrivato il segnale definitivo e non ho più avuto dubbi: nella mia sezione mi trovo molto bene con un ragazzo di origine tedesca, il quale mi ha confidato che ben presto lascerà il lavoro per tornare in Germania. Vedendo chi lo rimpiazzerà, ho subito pensato che era il momento giusto per dare le dimissioni.

Ora che ne ho parlato con Helen posso informare lo chef Léon della mia decisione.

Appena rientrato in pasticceria lo informo:

— Chef, non mi sento più di restare al Grand Hotel.

— Sei proprio sicuro?

— Si, con mia moglie vogliamo andare in Australia e se non sostengo un particolare esame di inglese, che non riesco a dare al momento, non posso procedere con i documenti per il visto.

— Puoi darci un mese per rimpiazzarti con un'altra persona? — chiede.

— Certamente. — rispondo felice.

É stata una soddisfazione poter dare il preavviso di un mese prima di andarmene, dato che fino ad ora non era stato possibile. Ora voglio cercare un bel corso di inglese specifico per l'Australia e poi mettermi sotto a studiare.

A poca distanza dalla decisione delle dimissioni inizio a sentirmi strano. Provo un senso di chiusura, é un qualcosa che percepisco sia al lavoro che per le strade di Londra. Sento di desiderare più spazio, come voler vivere in un luogo diverso dalla città, più aperto.

A questo si affianca anche un'altra particolare sensazione: l'Underground, che fino ad ora ho sempre preso con tranquillità, inizia a darmi fastidio, mi fa provare le sensazioni simili al mal d'auto, come quando da piccolo andavo in montagna con la mia famiglia e non era infrequente che dovessi chiedere a mio padre di fermarsi, perché le tante curve presenti sul percorso mi disturbavano.

Viaggiare nel Tubo diviene così poco piacevole e non posso certo chiedere al guidatore di fermarsi, meno male che é l'ultimo periodo di lavoro al Grand Hotel, dopo mi dovrò recare solo un paio di volte a settimana in centro, per il corso di inglese.

Poi un giorno, mentre mi reco nell'Underground per tornare a Leytonstone, alla fermata del Tubo, affisso oltre i binari del treno, un grande poster fa bella mostra di sé. É un'immagine gigantesca che riporta la pubblicità di un luogo, ma ignoro completamente dove sia e mi pare anche strano di vederlo nella metropolitana londinese, poiché raffigura una coppia felice che rema a bordo di un kayak, vicino ad una costa. Scopro che si tratta dell'isola di Guernsey, facente parte dell'arcipelago di isole del Canale della Manica, totalmente a me sconosciute e che immediatamente danno una risposta a quella sensazione di apertura che provo da qualche giorno.

Al ritorno a casa, riferendo ad Helen delle mie sensazioni, chiedo:

— Puoi cercare degli annunci di lavoro nelle isole del Canale della Manica?

— Vuoi andare a lavorare lì? — chiede incuriosita.

— Penso si tratti di un'ispirazione, prova a vedere se trovi qualcosa di interessante, magari come pasticcere.

Nel frattempo riusciamo a volare in Italia per partecipare al matrimonio del fratello di Helen che, oltre a permetterci di festeggiare l'evento, ci concede una piccola vacanza, ed é un bene poiché dopo un colloquio come educatrice privata, Helen é riuscita ad ottenere il lavoro ad Abu Dhabi e presto si trasferirà negli Emirati Arabi.

Capitolo 27

TIRAMISÙ

Mediante un paio di cambi sulle linee dell'Underground raggiungiamo l'aeroporto di Heathrow.

— Come ti senti amore? — chiedo ad Helen prima che effettui il check-in.

— Bene, sono contenta di fare questa nuova esperienza, abbiamo passato un po' di tempo insieme e parto ricaricata. Ho inviato il tuo curriculum in risposta ad alcuni annunci per le isole della Manica, come mi avevi detto.

— Vediamo cosa viene fuori. — replico fiducioso.

— Nel frattempo tu studia, perché quell'esame é particolare. — mi consiglia Helen.

Lei ha già sostenuto l'esame e ne é rimasta un tantino scioccata. Un po' perché era di un livello superiore al mio – trattandosi di inglese accademico - ed anche perché é strutturato in un modo che non le si confà molto: dà più spazio alla forma che all'essenza.

Forse il fatto che per alcuni versi sono un po' pignolo e preciso come carattere, magari il corso si addice più a me. Vedremo.

Helen si prepara per il controllo del bagaglio a mano. Ci scambiamo un ultimo abbraccio.

— L'avventura continua amore. — le dico cercando di tirare fuori l'entusiasmo.

— All'aeroporto mi verrà a prendere l'autista della famiglia. — mi rassicura Helen.

— Accipicchia, vita da nababbi! — commento ironico.

La mia preoccupazione un po' svanisce mentre guardo Helen oltrepassare i controlli, so che é felice per l'opportunità che ha ricevuto e parte tranquilla, in attesa dell'Australia.
Un ultimo saluto con la mano e il sorriso di Helen si avvia verso il gate.

Durante la prima lezione del corso di inglese scopro che l'istruttore é un ragazzo italiano. Si é trasferito a Londra diversi anni fa ed é il primo connazionale che incontro durante l'esperienza in Gran Bretagna. Fino ad ora sono stato contento di rimanere sempre a contatto con gli inglesi, così ho potuto praticare meglio la lingua, ma adesso la presenza di un conterraneo qui nella scuola mi fa piacere, diciamo che mi rassicura.
Il corso é frequentato quasi esclusivamente da giovani, solo io ed un altro uomo siamo le uniche persone mature, per così dire. Ricordo quando frequentai il primo anno di Psicologia all'Università degli studi di Firenze: anche lì c'erano solo studenti giovani.
Alla soglia dei quaranta é iniziata per me una nuova vita, nella quale si é delineato un nuovo me, più aderente a inclinazioni che nutrivo fin da bambino. É curioso che già a quell'età era chiaro quello che mi piaceva: la pasticceria e parlare alle anime delle persone. L'espressione "Non é mai troppo tardi" talvolta é stata difficile da sostenere, perché mi sono spesso sentito come in ritardo su una serie di scelte o esperienze. Ma quando si hanno desideri e ispirazioni nuove, tutto diviene fresco e in un certo senso giovane.
Se non ci sono le lezioni di inglese, in genere mi reco alla biblioteca di Leytonstone per essere più concentrato nello studio. Poi a casa svolgo le esercitazioni consigliate su dei fogli A4 che

affiggo alle pareti della camera, per avere tutto sott'occhio. Inoltre mi esercito con la pronuncia ascoltando e ripetendo le frasi negli esempi forniti e mi piace tantissimo, perché amo la corretta pronuncia inglese e cerco di riprodurla al meglio, divertendomi molto.

Dopo che avrò dato l'esame tornerò a lavorare per mettere da parte ancora un po' di soldi, così nel frattempo sarà arrivato l'esito dell'esame e potrò preparami al grande salto.

Ieri ho avuto una telefonata con un agente di lavoro:

— Salve Lorenzo, sono di un'agenzia di reclutamento di Londra.

— Salve, pochi giorni fa mi sono candidato per alcune posizioni come pasticcere.

— Infatti… — dice l'uomo con fare incerto — Un mio cliente ha visto il tuo curriculum e sembra interessato, però mi ha fatto questa domanda: "Perché questo cambia sempre lavoro?" In pratica ha un po' paura che tu gli vada via poco dopo. — ammette sincero.

— Capisco, le posso dire che di volta in volta ho fatto scelte su quello che mi sembrava meglio dal punto di vista professionale e il fatto di essere approdato al Grand Hotel, come mia ultima posizione ricoperta, lo dimostra.

— Questo é vero. — dice l'uomo condividendo in parte la mia tesi

— Riferisco e in caso ti faccio sapere. — conclude l'agente.

— Va bene, grazie.

Comprendo il punto di vista del datore di lavoro, ma allo stesso tempo sono quasi sorpreso, poiché qui a Londra cambiano lavoro molto velocemente. Addirittura una volta sono tornato in un ufficio per parlare con una responsabile a distanza di pochi giorni e questa aveva già cambiato posto di lavoro. Quindi, se io mi sono allineato al modo di fare vigente, che fai, ti sorprendi? É solo per scherzare, é che ci ho preso la mano con tutte queste possibilità a disposizione.

La scelta del posto di lavoro giusto é qualcosa che dovrò ponderare bene una volta in Australia, perché tanto io quanto il datore di lavoro che mi assumerà dovremo pagare una quota per il mio visto, quindi la situazione si farà più delicata.

Ma sono sereno, perché confido nella mia Ispirazione anche una volta raggiunta l'Australia e per il momento qua in UK le sorprese non sono finite, anzi sono dietro l'angolo: mi arriva una email con una fantastica proposta:

"Ciao Lorenzo, sono il titolare del ristorante che si trova nell'isola di Jersey, nel Canale della Manica, ci piacerebbe farti fare una prova come pasticcere, quando potresti venire?"

Favoloso! Più tardi mi sentirò con Helen e le farò una bella sorpresa. Intanto rispondo alla mail del ristorante.

Helen é molto contenta dell'esperienza che sta conducendo ad Abu Dhabi, é di grande aiuto alla famiglia e dispone di un piccolo appartamento privato, così anche per noi é più facile poterci sentire al telefono o in video chiamata.

— Ciao amore, come stai? — Helen mi chiama una volta raggiunte le sue stanze.

— Benone. — le dico impaziente di rivelarle la notizia.

— C'é qualche novità? — mi chiede avvertendo qualcosa dal mio tono di voce.

— Si, mi hanno proposto una prova in un ristorante a Jersey, come pasticcere.

— Ah si, ricordo il loro annuncio, mi era piaciuto molto! — esclama Helen. É lei che ha fatto l'invio del mio curriculum.

— Anch'io ho dato un'occhiata al sito e al luogo, mi sono sembrati entrambi fantastici. — dichiaro entusiasta.

— Mi sembra che la posizione lavorativa sia per tutta la stagione estiva, volendo anche oltre. — continua Helen.

— Sarebbe perfetto — aggiungo — Anche perché tra poco avrò l'esame e poi sarò libero di andarci.

— Sai già quando farai la prova al ristorante?

— Il fine settimana prossimo. Tu stai bene? — le chiedo.

— Si, bene. Sto entrando sempre più in confidenza con la famiglia e mi trovo a mio agio per il momento.

— Ok, allora ci aggiorniamo presto. Ti faccio sapere com'é andata la prova.

— A presto amore, un bacio!

— Sogni d'oro amore.

Fissando il volo aereo per raggiungere l'isola di Jersey capisco meglio dove si trova: é praticamente vicinissima alla costa Francese: fortissimo! Il mio volo parte dall'aeroporto di Londra Southend e nel giro di un'ora raggiunge l'isola.

Appena fuori l'aeroscalo, vicinissimo alla costa, il vento mi accarezza il volto e d'un tratto tutto é aperto, é come un'altra dimensione.

Sull'autobus che mi porta verso la capitale Saint Helier, lo sguardo mi si apre su grandi spiagge, dove la luce riflessa sul mare illumina tutto d'oro. L'Ispirazione mi ha condotto fin qui. Formidabile.

Arrivo nei pressi della marina, una rada dove sono ormeggiate tante barche. Il ristorante, elegante e contemporaneo, si trova lì e grazie alle sue pareti costituite da grandi vetrate, é possibile godere dello stupendo panorama del mare.

Entro e tra le diverse persone che si trovano al bancone del bar, un uomo, con gli occhi vivaci e un gran sorriso, mi riceve:

— Lorenzo! — esclama — Sono Neil, il proprietario del ristorante — mi ha riconosciuto perché ha visto la mia foto sul mio curriculum — Ben arrivato. — aggiunge.

— Grazie, mi fa molto piacere essere qui. — rispondo.

Ho delle buone sensazioni e spero di fare una bella prova in pasticceria.

— Vieni, ti presento il nostro capo chef pasticcere, lavorerai con lui. — aggiunge Neil facendomi strada verso la pasticceria inserita nella cucina.

Mi é suonato strano che ci sia un altro pasticcere, il locale conta molti coperti, ma non mi sembra tanto grande da richiedere due pasticceri.

— Ciao, sono Johnny, il capo pasticcere. — dice il ragazzo, credo poco più giovane di me. Mi dà subito l'impressione che sia molto in gamba.

— Piacere, Lorenzo. — rispondo.

— Johnny, a che ora vuoi che venga Lorenzo per la prova? — gli chiede Neil.

— Domani mattina verso le dieci? — propone rivolto a me.

— Benissimo. — rispondo.

— Okay Lorenzo, allora ci vediamo domani. — dice Neil — Ti ho fissato una camera all'albergo qui vicino, così puoi farti un giro stasera e vedere un po' il posto.

— Grazie, a domani. — dico salutando tutti.

Dopo aver sistemato le mie cose nella camera d'albergo, riesco a trovare una pizzeria vicino al porto, faccio giusto due passi e poi torno in hotel, voglio ripassarmi le ricette che potrei utilizzare per la prova.

Prima di partire per la Gran Bretagna ho fatto una selezione di ricette che avevo conservato in un paio di quaderni e le ho fotografate. Al Club infatti mi sono tornate utili, non so domani cosa mi chiederanno, ma almeno sono pronto.

27. TIRAMISÙ

Scendo nella sala colazioni dell'hotel prospiciente il mare, una meraviglia. Sono un po' teso, ma la stupenda accoglienza che sto ricevendo riesce a mitigare anche l'apprensione e poi la pasticceria é sempre stata l'antidoto a eventuali nervosismi. É una risposta automatica che scatta dentro di me per addolcire non solo il palato ma anche la vita, riscoprendo la possibilità di gioire di deliziose fragranze e amorevole fantasia, attraverso un dolce. É il processo stesso che innesca questa magia, infatti spesso mi accade di cantare durante la preparazione di un dolce, una gioia che si fa melodia.

Arrivo al ristorante leggermente in anticipo:

— Buongiorno. — dico all'uomo dietro al bancone del bar.

— Buongiorno, Lorenzo vero? — replica lui — Sono il manager della sala, sei qui per la prova?

— Si, ho con me l'uniforme, dove posso cambiarmi? — chiedo.

— Sali al piano di sopra e troverai uno spogliatoio sulla destra. — dice indicandomi una scala — Quando hai fatto vai pure in cucina da Johnny.

— Benissimo, grazie.

Salgo a cambiarmi. Con il fatto che sto frequentando il corso di inglese, il solo studiare sta iniziando un po' a rilassarmi e non é congeniale per la prova. Devo darmi una svegliata ed essere pronto a salire di nuovo sulla scena della pasticceria. L'uniforme che ho portato é quella più allegra che posseggo: quella che indossavo alla scuola dei bambini, con il colletto della giacca e i pantaloni dipinti con immagini di frutta e verdura e il grembiule colore giallo. Il telefono lo metto in tasca, così é a portata di mano per attingere alle ricette, se serve.

Scendo quindi diretto in cucina:

— Buongiorno Johnny. — esclamo appena entro.

— Salve Lorenzo, sei stato bene all'hotel?

— Si, grazie.

— Cosa vuoi prepararci?

— Posso scegliere?

— Si, anche se mi piacerebbe che tu ci facessi un bel tiramisù. — ammette Johnny.

— Volentieri! — esclamo felice — Avete il formaggio mascarpone? — come a chiedere una rarità appannaggio solo dell'Italia.

— Certamente. — risponde contento Johnny.

Mi metto subito all'opera iniziando a montare i rossi d'uovo con lo zucchero in una piccola planetaria presente in pasticceria.

— Se vuoi puoi usare questa base al posto dei biscotti. — mi dice Johnny mostrandomi un dolce tipo Pan di Spagna che ha fatto lui.

— Bene. — rispondo con un po' di esitazione.

— Non preoccuparti, andrà benissimo. — mi rassicura Johnny.

Stavo per dire che potevo fare i biscotti che servono, ma ho visto che Johnny é un po' indaffarato oggi e forse é sufficiente per lui vedermi lavorare, nonché assaggiare la crema di mascarpone.

Inizio a montare a neve le chiare d'uovo e visto che i rossi d'uovo sono al punto giusto, incorporo il mascarpone un po' alla volta, ma purtroppo l'effetto che ne consegue mi lascia di stucco: la massa che sto montando é diventata simile quasi ad una polenta! Tra l'altro, stranamente i rossi d'uovo non hanno molto colore e il tutto risulta abbastanza sul bianco: non mi dà una bella sensazione.

— Johnny, scusami. — dico avvicinandomi a lui — Non so spiegarmelo, ma qualcosa non é andato per il verso giusto. — mostrandogli il composto nella bacinella.

— Non preoccuparti, andrà benissimo. — mi dice nuovamente Johnny.

Non so esattamente cosa pensare, ma inizio a comporre

ugualmente il tiramisù e nel frattempo arriva anche Neil:

— Allora chef, come andiamo? — mi chiede esultante e pieno di aspettativa.

— Insomma… — dico tergiversando — In genere la crema viene meglio di così. — dichiaro per giustificarmi.

Neil la assaggia e mi guarda tentando di trattenere l'incertezza, poi voltandosi verso Johnny:

— Hai comprato il mascarpone dal nostro solito fornitore, giusto?

— Si, quello di sempre.

Li lascio parlare e continuo a finire il tiramisù nella speranza che il risultato della crema non sia sembrato troppo disastroso per Neil.

Spolvero di cacao la sommità della coppa di tiramisù e tiro un sospiro di sollievo per aver terminato. Non mi sono sentito mai così in tensione.

Neil si volta verso di me, osserva il tiramisù composto nella coppa, sorride beato ed aprendo le braccia esclama:

— Ah! Tiramisù! Grazie Lorenzo! Vai pure ora, ti farò sapere presto.

— Grazie a voi. — replico felice, anche se dentro di me avrei voluto fare di più.

L'esperienza di questa prova é stata particolare, non so bene cosa pensare. Dato che ho finito anche prima di quanto mi aspettassi ed avendo il volo di ritorno per Londra nel pomeriggio, ho il tempo di visitare un castello con vista sulla baia, raggiungibile via terra con la bassa marea, o traghetto con l'alta marea, com'è ora.

La sera informo Helen della particolarità della prova. Mi dispiacerebbe se non mi assumessero perché mi sono trovato bene al ristorante e vorrei fare l'esperienza di vivere sull'isola.

Riprendo lo studio per l'esame, ormai non mancano che una decina di giorni alla prova. Mi sono anche comprato un orologio da polso con tanto di cronometro, perché i test dell'esame sono a tempo e la cosa richiede precisione: per un pignolo come me non fa una piega. I muri della camera di Leytonstone sono pieni di fogli colmi di temi ed esercitazioni. Mi sento abbastanza sicuro e desideroso di fare questa esperienza, ma la spinta vera arriva con la mail che Neil mi invia:

"Caro Lorenzo, ci piacerebbe averti nella nostra squadra per la stagione estiva imminente: potresti iniziare il mese prossimo?"

Non riesco a credere ai miei occhi, é andata bene! Rispondo subito a Neil: "Certamente, sono molto felice di entrare a far parte del vostro team. Appena fatto l'esame di inglese tornerò subito sull'isola."

"Bene, non vediamo l'ora." Replica Neil.

Tutto si incastra alla perfezione.

Capitolo 28

COLPO DI SCENA

Un folto numero di giovani é riunito davanti al palazzo dove si tiene l'esame di inglese. I primi tre moduli del test si svolgono qui, l'ultimo presso la scuola dove si é tenuto il corso. Ragazzi e ragazze di ogni nazionalità aspettano di entrare per compiere il passo che li lancerà verso i loro sogni. Sono tantissimi, provenienti da altrettante scuole come quella che ho frequentato io o magari qualcuno ha studiato per conto suo.

Le porte si aprono: in massa ci riversiamo all'interno e, con mia sorpresa, veniamo convogliati al piano seminterrato. Avevo capito che sono piuttosto integerrimi nello svolgimento dell'esame e questa misura mi appare ancor più cautelativa verso eventuali fonti esterne: potrei anche dire che fornisce una modalità più introspettiva. Infatti la prima prova é quella dove si deve "ascoltare" e le stanze dove stiamo entrando mi appaiono ben insonorizzate.

— Presto, da questa parte. — intima uno dei revisori — Per favore, silenzio. — Dice un altro riprendendo un gruppo di giovani che fanno troppi schiamazzi.

Noto un'impostazione ferrea e tra me dico "meglio così, sono amante sia del silenzio che della precisione".

Mi siedo al banco soltanto con gli oggetti ammessi, in più ho solo il mio orologio da polso, che sono pronto ad azionare al via dei revisori.

Gli organizzatori sono pronti al lancio dell'esame e iniziano un breve conto alla rovescia:

— Attenti… 3, 2, 1, via! — annuncia uno di loro.

Le prove partono e sembra una vera e propria competizione della lingua inglese. Tra le differenti modalità delle prove si ascolta, si scrive e si riempiono test di lettura, insomma una bella immersione anglosassone.

La giornata passa veloce e tutto sommato sono contento, mi sembra che sia andata bene, posso dire che mi sono divertito. Londra mi ha offerto tutto quello che poteva e adesso sono proprio pronto per recarmi sull'isola di Jersey.

Apro la porta della camera del piccolo hotel che mi sono trovato a Saint Helier. Entro, lascio le valigie e mi dirigo sul terrazzo: si vede il mare, é una bella sensazione di apertura, mi fa sentire ancora di più in viaggio. In questa parte dell'isola le case sono quasi tutte villette in stile, mentre nella parte della marina, dove si trova il ristorante, ci sono molte costruzioni moderne.

Faccio una ricerca per vedere se ci sono case disponibili in affitto e mi dirigo in centro per valutare le proposte di alcune agenzie immobiliari.

Le vie principali sono piene di colori, negozi ed edifici storici con file di bandierine che sventolano da un palazzo all'altro. Vi ritrovo un'atmosfera dal sapore francese, che la rende ancor più affascinante. Mi sento bene e penso che sarebbe bello se Helen fosse qui, credo proprio che le piacerebbe.

Le agenzie mi propongono un paio di appartamenti che non fanno al caso mio. Rimango in contatto con loro per altre eventuali possibilità. Spero di trovare casa al più presto, tra una settimana circa dovrò andare in Italia per il matrimonio di mio fratello e mi piacerebbe essere già sistemato.

Intanto mi preparo per iniziare la nuova esperienza lavorativa.
Un autobus passa proprio davanti all'hotel dove soggiorno e mi porta vicino al quartiere dove si trova il ristorante.

— Buongiorno Johnny. — annuncio entrando in pasticceria.

— Buongiorno Lorenzo, pronto? — mi risponde carico di energia.

Per i primi giorni farò affiancamento con Johnny, poi credo che ci divideremo i compiti. Oltre ai dessert per il ristorante, ci sono da fare i dolci per il banco del bar e la linea per l'eventuale afternoon tea.

— Buongiorno Lorenzo. — dice Neil entrando.

— Buongiorno Neil. — dico a mia volta.

Neil mi dà uno sguardo per capire se mi sento a mio agio e nel suo modo di fare ravviso un incoraggiamento. Devo dire che un po' ne ho bisogno, poiché quando Johnny non sarà presente, nei suoi giorni liberi, sarò io a coprire il settore della pasticceria per intero. Il livello qui si alza, perché ci sono da preparare i dolci al piatto espressi, ossia al momento, come avevo iniziato a fare al Club, anche se sembra più impegnativo, seppur stimolante.

— Vogliamo vedere presto i tuoi dessert Lorenzo. — annuncia Neil

— Soprattutto quelli che hai imparato al Grand Hotel! — dichiara entusiasta.

Dalla sua espressione comprendo che ha fatto la differenza aver lavorato al Grand Hotel, la sua fama é molto diffusa ovunque nel Regno Unito e sono felice di essere riuscito a farci un'esperienza.

Johnny mi illustra il menù dei dolci:

— Ci sono sempre cinque tipi diversi di dessert, oltre al vassoio misto per due persone, i gelati ed il piatto dei formaggi misti. All'incirca ogni mese la lista cambia, dobbiamo introdurre nuove ricette, anche secondo la stagione. — mi spiega.

Poi Johnny inizia a misurare degli ingredienti:

— Adesso preparo la crema al frutto della passione che abbiamo in menù. — dice — Vieni, andiamo a cuocerla. — aggiunge spostandosi in cucina.

Johnny é forse lo chef più veloce che ho conosciuto finora e da ciò che mi sta facendo vedere anche il più interessante in quanto a ricette. La sezione della cucina é praticamente attaccata alla pasticceria: in questo momento dover condividere la stufa o il forno non é un problema, ma durante il servizio immagino sarà un po' diverso.

Abbiamo ultimato le preparazioni e finalmente arriva il servizio. Gli ordini pervengono in cucina con lo stesso metodo che avevo visto al Club e Johnny legge le prime comande:

— Un fondente al cioccolato e un babà panna e rum, insieme due crostate caramellate al frutto della passione! — annuncia con brio.

Johnny mi istruisce subito per il fondente al cioccolato:

— Prendi uno degli anelli di acciaio che abbiamo preparato e versa il composto al cioccolato dentro. — dice veloce Johnny — Subito nel forno! — aggiunge.

— Inizio a fare le crostate. — dichiaro.

— Bene, io penso al babà. — aggiunge Johnny.

La serata passa alla grande, é veramente uno spettacolo lavorare con Johnny, le sue preparazioni mi piacciono molto, ricche di fantasia e tecniche innovative. Quando rientro nella camera del piccolo hotel sono un po' frastornato per tutte le informazioni ricevute, ma anche felice per quello che ho imparato.

Nei giorni seguenti continuo ad immagazzinare nella mia mente le ricette, ma sempre con il pensiero rivolto all ricerca della casa. Per fortuna un'agenzia immobiliare si fa viva:

— Salve Lorenzo, avrei un monolocale da proporti, quando

potremmo vederci?

— Salve, domani pomeriggio alle 3pm?

— Va benissimo. — risponde l'agente — Troviamoci nella piazza con la fontana. — suggerisce.

— Perfetto. — rispondo.

Sono contento che si sia aperta una possibilità, spero proprio che vada bene.

L'indomani, all'ora fissata, incontro l'agente immobiliare, la quale mi accompagna alla casa.

Dalla piazza, non distante dal ristorante, percorriamo la passeggiata che costeggia un'altra parte del porto, dove si trovano ormeggiate tante barche. L'agente si ferma: l'abitazione si trova in mezzo a una fila di palazzi commerciali convertiti a residenze, difronte alla parte finale del porto vecchio ed é buffo osservare le barche in questo momento, poiché a causa della bassa marea siedono praticamente sulla sabbia.

La facciata del palazzo é fatta di mattoni e pietre e gli infissi delle finestre e della porta sono bianchi, si nota che l'edificio ha subìto una ristrutturazione, di questo sono felice.

— Vieni. — mi dice l'agente entrando nel corridoio dello stabile

— Il monolocale é qui sulla destra. — prosegue aprendo la porta

— Angolo cottura e letto, il bagno é esterno, condiviso con il monolocale accanto. — spiega.

Rimango un attimo sorpreso dalle dimensioni assai minime, ma apprezzo il fatto che sia ristrutturato e che si presenti come nuovo. Mi viene da fare solo una domanda:

— Le lenzuola? Non ci sono? — chiedo stupito.

— No, qui non usa darle, dovrai usare le tue. — dice l'agente.

— Volentieri, peccato che non le abbia con me. — replico un po' interdetto.

— In centro ci sono un paio di negozi che le vendono, non costano molto. — suggerisce l'agente.

— Okay. — dichiaro, in fin dei conti é adatto alle mie esigenze e tra l'altro ho visto che posso andare al ristorante anche a piedi da qui, mi piace. — Quando posso entrarvi?

— Anche domani, se vuoi.

— Perfetto. — concludo.

Nel pomeriggio del giorno seguente trasferisco le mie cose dall'hotel alla nuova casetta e mi poi mi reco al ristorante. Sono felice, domani l'altro parto per l'Italia e mi sento più sereno.

— Buona sera. — dichiaro appena entrato in cucina.

— Buona sera Lorenzo. — mi dice Neil che si trova alla stufa.

Ogni tanto, quando il servizio lo richiede, anche Neil veste l'uniforme da cuoco e si mette ai fornelli. Questa sera insieme a me e lui ci sono anche Johnny e un giovane cuoco.

Il servizio della cena inizia e in serate come queste chi é in pasticceria può dare una mano in cucina, magari servendo gli antipasti. Essendo presente Johnny lascio svolgere a lui questo servizio, un po' perché voglio vedere come fa ed anche perché mi sembra molto a suo agio con il giovane cuoco. I due sono talmente affiatati che sembrano divertirsi e Neil non é molto contento del loro atteggiamento. Inizialmente scherzano e ridono, poi iniziano ad esagerare.

Neil li riprende:

— Per favore, stop! — dice severo, in special modo rivolto verso Johnny, che é il più anziano.

I due sembrano ricomporsi, ma poco dopo ripartono senza quasi tener conto della presenza di Neil, il quale perde le staffe:

— Basta! Avete oltrepassato tutti i limiti!

A quelle parole comprendo che forse Johnny e l'altro cuoco hanno alzato un po' il gomito, ecco perché Neil é su tutte le furie e cercando di rendere i due cuochi consapevoli dei loro sbagli addirittura mi tira in ballo, mettendomi quasi in imbarazzo:

— Stasera siete fuori di voi! Guardate Lorenzo come lavora con pazienza e professionalità.

Essere preso ad esempio in questa situazione non é che mi piaccia, comunque me ne resto buono e la situazione per fortuna sembra ritornare a posto.

Finito il servizio, quando arrivo al nuovo monolocale mi distendo sul letto: sono po' scosso dall'accaduto, in effetti Johnny e l'altro ragazzo erano un po' alticci. Ma sono stanco e gustandomi la piacevole sensazione delle lenzuola che riporterò dall'Italia, mi copro con il mio giubbotto e mi addormento.

Dopo colazione, consumata nella nuova casetta, parto per il ristorante. Per strada ripenso all'episodio avvenuto ieri sera in cucina e spero che Neil e Johnny si possano chiarire presto.

Ma appena entro in pasticceria, vedo che Johnny é di tutt'altro avviso:

— Ciao. — dice laconico.

— Ciao, come ti senti Johnny? — chiedo per aiutarlo a parlare.

— Non credo che rimarrò a lungo a lavorare qui. — ribatte secco.

— Ma che dici? — dico sorpreso.

— Penso che nel giro di una settimana me ne andrò. — dichiara categorico.

— Vedrai che tutto si aggiusta. — gli dico, un po' per lui e soprattutto per me, poiché l'idea che Johnny se ne vada mi impensierisce.

In quel momento Neil si affaccia in pasticceria:

— Vieni di qua al bar, voglio parlarti. — dice rivolto a Johnny.

"Bene" penso tra me, adesso si chiariranno.

Dopo due minuti Johnny rientra in pasticceria:

— Non me ne vado tra una settimana, me ne vado adesso. Neil mi ha licenziato.

— Cosa? — esclamo allibito — E tutte le ricette? Puoi lasciarmele? — gli chiedo un po' implorante.

— Mi dispiace, ti arrangerai. — ribatte secco.

Johnny mette insieme la sua roba ed esce veloce dalla pasticceria. Io rimango paralizzato con lo sguardo verso la porta della pasticceria da dove é uscito Johnny. Due secondi dopo, dalla stessa porta, compare Neil:

— Tutto a posto Lorenzo? — chiede sereno.

— Beh, più o meno... — mi pare impossibile che sia così tranquillo.

— Da oggi sei tu il nuovo chef pasticcere. — dichiara — Io vado a Parigi alcuni giorni a trovare degli amici. Ci vediamo quando sarai tornato dall'Italia. Buon viaggio. — conclude uscendo di pasticceria.

Dopo due secondi, mentre sono ancora lì letteralmente impietrito, entra in pasticceria il socio di Neil:

— Cosa sta succedendo Lorenzo? — impreca esterrefatto — Johnny se n'é andato, Neil é partito per Parigi e tu domani vai in Italia, ma dico siete tutti impazziti! — esclama a voce alta tornando di volata in sala.

Mi ci vuole un pochino di tempo per capire che non sto sognando e che quello che ho vissuto appartiene alla realtà.

Il capo chef della cucina Ritchie mi vede un po' scosso e chiama a raccolta la brigata. Tutti i cuochi si stringono intorno a me:

— Non ti preoccupare Lorenzo. — mi dice uno.

— Ce la puoi fare, vedrai. — aggiunge un altro.

Mi fanno piacere i loro supporti ma resto in silenzio con un'espressione basita, annuendo in segno di ringraziamento, mentre nella mia mente passano babà al rum e fondenti al cioccolato.

Davvero un bel colpo di scena.

Capitolo 29

MAESTRO

Mentre mi dirigo all'aeroporto penso a cosa risponderò a coloro che mi chiederanno: "Allora, come va in Gran Bretagna?" Potrei dire: "Alla grande, sto facendo carriera!" Un'espressione che ben si presta alla mia nuova situazione professionale.

L'avanzamento della posizione lavorativa calza a pennello, perché in Australia il visto viene riconosciuto a chi é chef di cucina o di pasticceria. Io fino ad oggi, parlo dell'Inghilterra, ho ricoperto livelli di commis, quindi aiuto cucina, e poter aggiungere sul mio curriculum il ruolo di chef fa davvero la differenza, un nuovo passo che sembra andare nella direzione giusta per recarsi in Australia.

L'altro tassello essenziale é rappresentato dall'esame, per il quale riceverò i risultati subito dopo essere rientrato a Jersey, l'isola che con il colpo di scena avvenuto al ristorante, mi ha già riservato non poche sorprese.

In questo viaggio le novità accadono davvero di frequente, l'ultima sta avvenendo proprio ora... Ops scusa, c'é l'annuncio del capitano dell'aereo:

— Sono lieto di annunciarvi che abbiamo iniziato l'atterraggio nella città di Ginevra.

"Ah, bene", dico fra me.

Come Ginevra? Lorenzo ma non dovevi andare in Italia al matrimonio di tuo fratello? Certo, ma insieme ad Helen, eccola infatti che mi saluta appena scesa dal suo aereo proveniente da

Monaco:

— Ciao amore! — esclama felice.

Monaco? Si, Monaco. La famiglia di Abu Dhabi si é appena trasferita nella casa in Costa Azzurra per l'estate e con Helen abbiamo deciso di trovarci a Ginevra, per poi prendere un aereo insieme per Firenze e partecipare così all'evento nuziale.

I matrimoni dei nostri fratelli che avvengono lo stesso anno: davvero perfetto, poiché una volta in Australia potrà essere un po' meno scontato tornare, voglio dire come stiamo facendo adesso.

L'evento matrimoniale si svolge in una stupenda giornata azzurra piena di sole, con canti e tanta allegria, riabbracciando i nostri cari e soprattutto passando un po' di tempo insieme Helen ed io.

L'esperienza che stiamo vivendo mi appare sempre più come un viaggio, dove tappa dopo tappa si scoprono i tasselli necessari per il raggiungimento della meta Australia e questo mi fa piacere.

Ma ogni volta che riprendo l'aereo un lato di me ha una piccola esitazione, non vorrebbe partire e prova a immaginare qualcosa di diverso, forse più accomodato o conosciuto, magari che mi possa far rimanere con le famiglie. Al tempo stesso un'altra parte si lancia nel futuro e nella dimensione nuova che sto vivendo, perfettamente coerente con chi sono e scopro di essere, esperienza dopo esperienza.

All'inizio ero sicuramente restio a partire per Londra e ogni volta che mi sono proposto per un lavoro é come se stessi dicendo: "No guardate, io non so se posso…" come a voler mettere in guardia i datori di lavoro da possibili difficoltà cui andavano incontro assumendomi. Invece loro mi hanno sempre buttato in pista costringendomi, per così dire, a non pensare troppo e a tirar fuori l'istinto, per qualcosa che in fin dei conti amo fare e che é stato e continua ad essere bellissimo. La cosa sorprendente é la fiducia che hanno riposto in me, quando io non l'avevo.

Ora, una volta ritornato sull'isola, con la nomina di chef pasticcere, dovrò dimostrare che Neil non si é sbagliato e che possono avvenire stupende magie, in grado di far assaporare e regalare squisiti momenti.

Nella pausa italiana Helen ed io abbiamo sfruttato tutto il tempo a disposizione, poi ognuno ritorna alle proprie destinazioni.

L'aereo che mi riporta sull'isola di Jersey atterra in tarda serata, quando arrivo alla stazione degli autobus é già buio. Stranamente, invece di incamminarmi subito nella passeggiata lungo il molo, che mi porterebbe velocemente a casa, decido di fare un giro più lungo e passare dal centro, così per riacquistare confidenza con il luogo. Nei tanti locali presenti per le vie, alcuni clienti stanno finendo la loro cena, mentre altri si riversano nei pub per allungare la serata.

Mentre cammino mani in tasca, per prendere lo stato d'animo giusto per i giorni a venire, sento pronunciare il mio nome:

— Lorenzo? Lorenzo sei tu? — dice una voce.

Sembra che provenga da un gruppetto fuori dal locale poco più avanti.

— Si é lui! — esclama un altro.

Alzo meglio lo sguardo e non riesco a credere ai miei occhi: tutta la brigata del ristorante, senza Neil ovviamente, sosta davanti all'entrata di questo pub! É chiaro, siamo in Inghilterra.

— Ciao Lorenzo! — esclamano tutti i ragazzi.

— Ciao! — dico loro — Come state? — domando, anche se li vedo assai contenti.

— Sei tornato, meno male! — dice il capo chef Ritchie.

— Perché dici così? — domando.

— Pensavamo che non saresti rientrato. — ammette.

— Si, credevamo che saresti rimasto in Italia. — dichiara un altro.

La cosa mi sorprende, però in effetti con la faccia che avevo fatto quel giorno in pasticceria, era plausibile pensare che non me la sarei potuta sentire di tornare.

— Vedrai — annuncia un altro chef — Basta che hai le ricette e la pasticceria é fatta, che ci vuole! — dichiara sorridente.

— Più o meno… — ribatto esitante.

Tutta la brigata é davvero un fantastico comitato di ricevimento e come incitamento per tornare al ristorante mi sembra sufficiente. Faccio come per congedarmi ma il gruppo se ne accorge:

— Vieni, entra con noi! — incitano esultanti.

— No ragazzi, domani rientro in pasticceria… — dico tergiversando.

— Dai, ti fai un bicchierino e poi vai! — annuncia un altro.

— Grazie, ma non bevo. — ribatto da vero profano dei pub.

— Soltanto uno! — mi prega un altro.

A quel punto mi sembra davvero scortese rinunciare al loro invito, soprattutto con tutto il supporto che mi stanno dando.

— Va bene, entriamo! — dichiaro festante.

La scena é memorabile: il gruppo inglese della cucina che conta anche un portoghese e un turco ormai lì da diversi anni, mi introduce nel luogo sacro per eccellenza britannico: il pub. Entriamo e le grida gioiose delle persone sono un boato di contagioso buon umore: individui sconosciuti mi salutano come se fossi un loro vecchio amico. É una festa all'ennesima potenza. Da un palco posto nella sala in fondo, uno scalmanato gruppo rock si esibisce come se fosse l'ultima notte del mondo, impossibile non buttarsi in mezzo alla folla, in preda all'euforia più sfrenata. Bellissimo. Proprio quello che mi ci vuole: balli liberatori che scatenano energia e come ciliegina sulla torta ci dirigiamo al bancone dei liquori. Vengono disposti in fila piccoli bicchieri uno dopo l'altro, in una tripudio di risate gioiose:

— Vieni Lorenzo! — esclamano in coro gli chef.

— Soltanto uno! — dichiaro ridendo e tutti insieme buttiamo giù il liquore ridendo a crepapelle.

Era tanto che non vivevo una serata così e devo dire che mi ha fatto bene, facendo uscire tutte le preoccupazioni e dandomi la giusta carica per partire in pasticceria.

— Buongiorno Lorenzo. — dice Neil entrando in pasticceria — É andato bene il viaggio? — domanda. Sembra che sappia della serata passata con i ragazzi e nella sua espressione ravviso un po' di timore.

— Buongiorno Neil, tutto bene grazie. — rispondo con tono sereno, per fugare ogni suo dubbio.

— Puoi mantenere il menù di Johnny ancora qualche giorno, però vorrei che ne impostassi a breve uno nuovo. — dichiara Neil.

— C'é qualche dessert in particolare che vorresti vedere sulla lista? — chiedo.

— Fai quello che ti ispira di più. — dice Neil rilanciandomi la palla e per di più menzionando la parola per me magica: ispirazione.

É il momento di attingere ai gusti e alle preparazioni a me care, cercando però di inserirle nel modo giusto in questo contesto inglese e contemporaneo, altrimenti rischio di fare qualcosa di buono ma che non piace, come é successo al Club con la Torta della Nonna.

Innanzitutto devo riuscire a mantenere il menù di Johnny, le sue basi durante la mia assenza si sono esaurite e devo subito provvedere a rifarle.

Sulla lista c'é anche il babà che, può sembrare strano, ma non l'ho mai fatto. Quindi cerco su internet la ricetta e ne scelgo una che mi sembra valida.

Entro in pasticceria, inizio a pesare gli ingredienti e via via che li metto nella planetaria mi faccio letteralmente, in gesto di speranza, il segno della croce poiché é una lavorazione nuova per me. L'impasto che sto facendo deve assolutamente risultare perfetto, perché stasera qualcuno può certamente chiedere il babà.

Tolgo la massa dall'impastatrice e la trasferisco nel sac à poche, per spremere la pasta negli stampini. Una volta infornati i babà faccio la bagna al rum e poi li inzuppo a dovere.

Velocemente passo a rivedere anche tutti gli altri dessert, le loro basi, le creme e il composto per il fondente al cioccolato.

Voglio presto riuscire a stabilire una linea per ogni sezione della pasticceria, così da creare una sorta di routine di tutte le preparazioni, come ho visto fare anche nelle pasticcerie, anche se qui risulta più difficile dovendo aggiornare sempre il menù. É come una metafora della vita che sto vivendo: un continuo aggiornamento.

— Come sono venuti i babà Lorenzo? — chiede Neil entrando in servizio in cucina questa sera.

— Mi sembrano piuttosto buoni. — replico.

Per essere la prima volta che li faccio sono contento, mi sono espresso con "piuttosto buoni" con Neil, perché quelli di Johnny erano davvero speciali.

Il servizio della cena inizia e dopo un po' vengono richiesti i primi dessert:

— Un babà e due fondenti al cioccolato! — esclama lo chef Ritchie leggendomi la comanda.

Velocemente inforno i due tortini al cioccolato e faccio partire il cronometro del mio orologio da polso, che dopo l'esame di inglese, scopro essermi utile anche in pasticceria.

Il servizio diviene ancora più movimentato e condividere il forno con la cucina richiede coordinazione, ma riusciamo a farcela e sono soddisfatto. Soprattutto vedo che anche Neil é contento.

Sono felice della fiducia che Neil mi ha dato, mi piacerebbe solo essere più allenato, come quando lavorai all'hotel a Cortina con lo chef Fabrice, con i dolci che sembravano uscire dalle mie mani da soli, perché li avevo fatti tante volte ed erano ormai memorizzati dentro di me.

I tempi sono maturi per sapere i risultati dell'esame e quindi, una volta rientrato nel monolocale, mi collego al sito internet dell'organizzazione digitando il mio nome. Il momento é fatidico: se non ho raggiunto il punteggio necessario dovrò studiare di nuovo e non so immaginarmi né come né quando; se invece ho raggiunto il punteggio utile per il visto, vuol dire che partirò davvero, non ci sono scuse.

Dal portale si apre la mia scheda elettronica con i risultati: il primo settore bene, anche il secondo, il terzo e… il quarto! Ce l'ho fatta! Incredibile. I punteggi sono più che sufficienti per poter richiedere il visto. L'Australia é un po' più vicina. Come più vicini siamo io ed Helen adesso che lei si trova a Monaco. La chiamo subito per darle la bella notizia:

— Helen!

— Lore!

— Ho una bella notizia da darti. — annuncio.

— Anche io!

— Anche tu? — chiedo sorpreso.

— Si, ma dimmi prima la tua. — consiglia.

— Ho passato l'esame!

— Evviva! Bravo Lore! — esclama Helen.

— E tu cosa volevi dirmi?

— Vengo a Jersey! — esclama entusiasta.

— In visita o…

— Vengo per stare Lore, ci sono state alcune complicazioni qua e non mi sento di rimanere: mi sono già organizzata con la famiglia.

— Bene, così festeggiamo! Quando arriverai?

— Dopo domani.

— Devo darmi da fare allora per trovare un nuovo appartamento, nel mio entro appena io! — dichiaro ridendo.

"E con questo fanno cinque" dico fra me ponendo l'elegante cloche di vetro sul dolce posto sulla base rialzata in ceramica.

— Ben fatto. — dice Neil soddisfatto entrando nel locale.

Neil mi ha suggerito un paio di ricette: una proviene da un sito inglese dove chef famosi postano le loro migliori preparazioni e l'altra da un viaggio che lui ha fatto con la moglie in Liguria.

Il primo suggerimento mi porta a scoprire una fonte di idee fantastiche cui attingere, che mi fanno comprendere meglio dove si trova adesso la pasticceria moderna.

Il secondo suggerimento spalanca la passione di Neil per la tradizione culinaria italiana. Parlando con lui capisco che non é solo l'aver lavorato al Grand Hotel ad aver fatto la differenza, é anche il provenire da quella tradizione, un qualcosa che avevo già notato con lo chef Scott di Chester.

— Oggi arriva Helen. — Annuncio a Neil.

— Benissimo! — esclama contento — Allora vai a prenderla all'aeroporto e non scordarti di portarle un mazzo di fiori e dei cioccolatini, mi raccomando.

— Va bene. — replico sorpreso e con un po' di senso di colpa per non averci pensato.

E l'appartamento più grande? Trovato! É stato troppo forte. Quando ho detto alla stessa agente immobiliare che mi ha trovato il monolocale, di cercarmi qualcosa per due, mi ha risposto prontamente:

— Non preoccuparti, aspettami a casa alle 16.

É arrivata, mi ha bussato alla porta e appena sono uscito sulla soglia del monolocale, mi ha detto:

— Monolocale più grande? Eccolo! — ha annunciato spalancando la porta dell'appartamento di fronte al mio — Vieni, te lo mostro. — facendomi largo all'interno.

Un perfetto monolocale con letto matrimoniale e cucinotto, letteralmente a un passo. Incredibile.

Seguendo il consiglio di Neil, mi dirigo all'aeroporto con tutto l'occorrente per il perfetto benvenuto. Sono felice che Helen arrivi sull'isola, penso proprio che le piacerà.

— Helen sono qua! — annuncio vedendola uscire dalla porta degli arrivi.

— Lore! — esclama correndomi incontro.

Ci scambiamo un bacio e un grande abbraccio.

— Davvero una bella sorpresa. — commento — Mi sembra di vivere dentro un sogno. — le dico guardandola negli occhi.

Con Helen le giornate iniziano a prendere uno stile quasi casalingo, poiché in genere torno per pranzo e lei mi fa trovare pronto da mangiare, poi mi riposo o facciamo un giro in centro, magari al mercato centrale, che é qualcosa di caratteristico.

In più, nei giorni che sono libero, facciamo sempre qualche gita, scoprendo nuovi incantevoli angoli di quest'isola: sentieri che si snodano lungo le coste a picco sul mare azzurro con suggestive panoramiche, tratti di costa dove la bassa marea ha ritirato il mare lasciando a campeggiare le barche su scenari quasi lunari; affascinanti villaggi con case in pietra adornate di fiori e ampi prati dove pascolano mucche; pranzi consumati in ristoranti all'interno di vigneti ed esplorazioni delle isole vicine.

Le emozioni vissute sull'isola sono davvero tante e quasi c'é la voglia di scoprire qualcosa di nuovo. Per me sarà presto l'Australia, per Helen un'esperienza che si apre in una nuova città: Parigi. Nelle sue ricerche di lavoro ha trovato un'opportunità presso una famiglia che vive in Francia e si appresta a lasciare l'isola.

Helen si imbarca sull'aereo. Quando rientro a casa a Jersey non mi sento bene. Con la partenza di Helen ho salutato anche lo stupendo trend di vita che avevamo preso e a fine stagione estiva mi aspetta un nuovo viaggio, quello per l'Australia, un altro salto nell'incognito.

Nel frattempo però il ristorante vive il suo momento migliore e la pasticceria si sta ritagliando il suo ruolo importante. I clienti sono contenti delle mie proposte ed io, prendendo sempre più fiducia, arrivo a mettere sul menù qualcosa di rischioso come il soufflé! A renderlo spettacolare credo siano la sua morbida consistenza e la sua elevazione, per me regale e magica al tempo stesso. Rischioso perché condividere il forno con gli altri chef potrebbe non giovare al soufflé, che dovrebbe cuocere ben chiuso.

Decido comunque di provarci e la ricetta da cui parto é quella di Giancarlo, il pasticcere con cui ho lavorato ai miei esordi nell'hotel a Montecatini. Riscoprire quella preparazione, tra l'altro mai realizzata, é una sfida non da poco, ma l'entusiasmo che sto vivendo mi porta a osare tanto.

Così mi preparo per realizzarlo, testando le mie possibilità.

Inizio subito ad imburrare e zuccherare le piccole cocotte in ceramica, poi passo a cuocere il composto e dopo vi aggiungo gli albumi montati a neve e via nel forno!

Il test riesce bene, con il Soufflé che gonfia nel modo che mi aspetto e mi conferma la decisione di servirlo, anche se la vera prova sarà stasera durante il servizio.

— Qual'é lo *Special* di stasera chef? — chiede il manager della sala allo chef Ritchie.

— John Dory grigliato con paprika affumicata e cozze. — risponde pronto.

— Lorenzo, stasera ho visto che hai inserito nel menù il soufflé. — esclama il manager.

— Esatto, al gusto di arancio, sorbetto e liquore. — rispondo trepidante.

— Bene. — commenta il manager con un tono che ravviso essere incoraggiante.

Poco più tardi le comande iniziano ad arrivare in cucina.

— Si va in scena! — esclama lo chef Ritchie — Tre antipasti del giorno, a seguire un John Dory e due filetti! — annuncia agli altri chef.

— Si chef! — rispondono.

— Tra un po' toccherà a te Lorenzo, pronto? — mi dice Ritchie.

— Pronto chef. — rispondo, controllando il cronometro sul mio orologio da polso.

La sensazione di fusione con tutta la brigata é arrivato ad un livello stupendo, c'é partecipazione e divertimento, condivisione e impegno.

— Antipasti per quattro persone, a seguire quattro menù degustazione! — annuncia ancora Ritchie.

Il servizio prende forza, la serata si fa calda. Io aiuto nella preparazione degli antipasti, mentre le padelle fiammeggiano sulla stufa. I piatti vengono portati al pass e i camerieri giungono veloci per non far raffreddare le portate, anche se sono poste sotto le speciali lampade che le tengono calde.

Poi arriva il mio turno.

— Dessert per Lorenzo! — annuncia sorridente Ritchie porgendomi la comanda.

— Si chef! — rispondo veloce.

Nell'ordine ci sono una ganache al cioccolato, un flan di noci e fichi e un soufflé.

Inizio ad organizzarmi e Ritchie annuncia ancora:

— Comanda... due soufflé e due crème caramel con tortino di polenta!

— Si chef! — rispondo pronto.

Parto a montare gli albumi, li incorporo alla crema base e poi via in forno. Passo a preparare svelto tutti gli altri dessert. I minuti passano, inizio a preparare i piatti, poiché quando il soufflé sarà pronto per uscire dal forno, tutti gli altri dolci dovranno essere già disposti sui piatti di portata. É una questione di istanti, il soufflé deve essere trasportato subito al cliente e forse é questa la cosa che lo rende così particolare, come una possibilità da cogliere al volo, una fragranza da gustare ancora calda.

Mancano pochi secondi, tutti i dessert sono pronti nei loro piatti, chiamo i camerieri:

— Dessert per i tavoli 15 e 25! — lancio uno sguardo veloce nel forno, ci siamo! Estraggo i soufflé — Potete partire! — dichiaro ai camerieri.

"Bene, é andata", dico fra me. I dessert erano proprio belli da vedere, così colorati e fragranti, carichi di fantasia e profumi.

Il servizio incalza:

— Quattro vassoi di dessert misti! — annuncia Ritchie.

— Si chef! — rispondo leggermente intimidito, perché si tratta di un bel quantitativo di dolci. Il vassoio da condividere racchiude un po' tutti i dessert presenti sulla lista, davvero un tripudio di goloseria.

Inizio ad infornare tutte le preparazioni che devono essere cotte e dispongo i vassoi sul tavolo di pasticceria. É un gran lavoro di coordinazione, ma alla fine il risultato é davvero scenico.

Neil si affaccia a vedere come procede poco prima che i dessert escano in sala:

— Un altro capolavoro del nostro Maestro! — annuncia con l'espressione piena di gioia.

Da quel giorno, l'affettuoso appellativo di *Maestro* mi fu rivolto più volte, come un segno distintivo di apprezzamento e gioiosa benevolenza.

Sulla scaletta dell'aereo che mi riporta in Italia - da dove partirò a breve per l'Australia - mi volto un'ultima volta verso Jersey: alla straordinaria bellezza dell'isola e alla gioia di essere stato qui insieme ad Helen, si aggiunge uno sguardo ideale a tutta la Gran Bretagna e alle persone che mi hanno accolto così bene e consentito di vivere un'esperienza unica ed inaspettata, che ora mi proietta verso una nuova avventura in territorio australiano.

INDICE

TITOLI DELLA RAINBOW LIGHT SCHOOL

Helen Star, Lorenzo Sbrinci. *Illumina la tua vita. Entra nel Regno delle Infinite Possibilità.*

Helen Star, Lorenzo Sbrinci. *Rainbow Light School. Educazione di Luce per una scuola ispirata dai desideri del Cuore.*

Helen Star. *Spirale delle emozioni. Colora con Gioia la tua Vita.*

Lorenzo Sbrinci. *Ispirazione. La via illuminata per far volare i desideri.*

Helen Star. *Dea arcobaleno. Risveglia il tuo Potere dell'Anima.*

Lorenzo Sbrinci. *Viaggio nell'Anima. La via da seguire.*

Lorenzo Sbrinci. *Verso Nuove Frontiere. L'Orizzonte si espande.*

Lorenzo Sbrinci. *Scintille dell'Anima. Racconti d'ispirazione. Libro 1 e 2.*

Helen Star e Lorenzo Sbrinci
sono i fondatori di Rainbow Light School,
Centro per l'Evoluzione dell'Essere e
Educazione all'Avanguardia.

www.cascatediluce.com